Hi, Bread!
영어로 즐기는
브레드이발소

Hi Bread!
영어로 즐기는 브레드이발소

초판 1쇄 발행 2023년 9월 1일

지은이 | (주)브레드이발소
발행인 | 이종원
발행처 | (주)도서출판 길벗
브랜드 | 길벗이지톡
출판사 등록일 | 1990년 12월 24일
주소 | 서울시 마포구 월드컵로 10길 56(서교동)
대표 전화 · 02)332-0931 | **팩스** · 02)323-0586
홈페이지 · www.gilbut.co.kr | **이메일** · eztok@gilbut.co.kr

기획 및 책임편집 · 고경환(kkh@gilbut.co.kr) | **디자인** · 배진웅 | **제작** · 이준호, 이진혁, 김우식
영업마케팅 · 이수미, 장봉석, 최소영 | **영업관리** · 김명자, 심선숙 | **독자지원** · 윤정아, 최희창
전산편집 · 한효경 | **녹음 및 편집** · 와이알미디어
인쇄 · 금강인쇄 | **제본** · 금강인쇄

ISBN 979-11-407-0594-8 03740
(길벗 도서번호 301151)

정가 17,000원

독자의 1초를 아껴주는 정성 길벗출판사

(주)도서출판 길벗 | IT교육서, IT단행본, 경제경영서, 어학&실용서, 인문교양서, 자녀교육서 www.gilbut.co.kr
길벗스쿨 | 국어학습, 수학학습, 어린이교양, 주니어 어학학습, 학습단행본 www.gilbutschool.co.kr

영어로 보니 더 재밌는 하이라이트 30

Hi, Bread!
영어로 즐기는
브레드이발소

· 브레드이발소 지음 ·

Holy Waffles!

Oh My Crust!

In the name of gluten!

WILK

길벗
이지:톡

머리말

이제 브레드이발소를 영어로 즐겨보세요!
영문판 하이라이트 30장면!

브레드이발소는 영어에 진심입니다.

브레드이발소 영문판은 국내 번역이 아닌, 원어민이 직접 제작한 스크립트로 만들었습니다. 캐릭터들의 대사에 영어 문화권의 실생활이 녹아 있기 때문에 자연스럽게 일상 영어를 학습할 수 있습니다. 원어민 성우들의 실감 나는 연기를 통해 발음과 억양, 회화적 표현까지 익혀보세요.

다시 봐도 재밌는 30장면만 담았습니다!

이 책에는 브레드이발소 에피소드 중 30개의 장면이 수록되어 있습니다. 브레드이발소만의 흥미로운 스토리와 맛깔나는 표현들로 영어를 즐겨보세요. 배꼽 빠지게 웃다 보면, 어느새 영어가 머리에 쏙쏙 들어와 있을 겁니다.

가볍게 보고 즐겨주세요!

국산 애니메이션 브레드이발소는 아이는 물론, 어른까지 공감할 수 있는 소재와 대사로 많은 사랑을 받고 있습니다. 해외의 여느 애니메이션과 달리, 한국 특유의 감수성과 해학적 요소가 두드러지는데요. 브레드이발소 영문판을 통해 익숙한 표현들이 영어로 새롭게 재탄생하는 장면을 감상해 보세요. 한국식 표현과 미국식 표현의 차이를 감상하는 것 만으로도 흥미로운 경험을 하실 수 있습니다. 영문이라서 어렵고 공부해야 하는 책이라고 생각하지 마시고 부담 없이 보며 즐겨주시면 됩니다.

귀여운 캐릭터와 웃음이 가득한 영문판 브레드이발소는 영어를 배우는 데 있어 최고의 콘텐츠가 될 것입니다. 부담 없이 재미있게 영어에 관심을 가져보고 싶은 분들께 좋은 계기가 되었으면 합니다. 이 책이 나오기까지 애써주신 브레드이발소 임직원들과 길벗출판사 분들께 감사의 말씀을 전합니다.

브레드이발소 일동

영문판 브레드이발소
제작 이야기

<브레드이발소>가 국내에 소개되고 입소문을 타기 시작할 때 국내외 시청자들로부터 영문판을 만들어 달라는 요청이 들어오기 시작했습니다. 시간이 지나며 그런 요청이 꾸준히 증가했고 저희는 영문판 제작에 대해 진지하게 고민하기 시작했습니다. 그리고 시청자들의 요청을 받아들여 영문판을 만들기로 결심했습니다.

단순히 한글을 영어로 번역하게 되면 재미있는 스토리와 캐릭터의 감정이 충분히 전달되지 않습니다. 저희는 브레드이발소 특유의 '말맛'을 살리기 위해서 어려운 길을 택했습니다. 1, 2차 한영 번역작업 이후, 미국 작가를 섭외해 3차 현지화 작업을 거쳤으며, 한국식 표현들을 완벽하게 영문화권의 표현으로 변화시켰습니다. 보다 실생활에서 사용하는 표현들을 작품에 녹이기 위해, 북미권 원어민들의 일상적인 표현들을 대사에 가미했으며 여러 차례의 검토를 통해 스크립트를 완성시켰습니다.

한글자막	이거는 인기 아이돌 마카롱의 '딸기는 빨개'예요. 지금 베이커리 차트 1위인데, 모르세요?
▼	▼
한영번역 1, 2차	Oh! This is "Strawberries are Red" by the singer, Macaron! It's number one on the Bakery chart. You didn't know?
▼	▼
북미스튜디오 1, 2차	Haven't you heard, "Nothing beats a Macaron".? It's number one, you know! Macaron is at the top of the Pop Tart Chart! She's a superstar.'

브레드이발소의 매력을 영어로 전달하기 위해 현지의 실력 있는 성우들과 더빙을 진행했습니다. 원어민 성우들과 소통하며 영어 문화권에 적합한 대사와 억양을 찾기 위해 노력했으며, 에피소드 한 편을 완벽하게 만들어내기 위해 수차례의 수정을 거쳤습니다. 그 덕에 원어민들의 생생한 연기가 살아 있는 <영문판 브레드이발소>가 탄생하게 됐습니다.

현지 성우

Marc Thompson　　Laurie Hymes　　Elinor Vanderburg　　James Weaver Clark

출처: imdb.com, behindthevoiceactors.com

영문판 브레드이발소
보는법

---------- **에피소드별QR코드 클릭** ----------

BigHead Wowww! I've never seen anything so nice.
Oh sir, how can I ever re... pay...

Bread Here's an itemized receipt for everything you
owe, But we accept payment plans!

repay 갚다, 보답하다

BigHead: 와! 내 머리가 이렇게 멋있어지다니. 이발사님, 이 은혜를 어떻게 갚아야 할지... / **Bread:** 커스텀
머릿비 비용 전체 명수증에네 할부도 가능하다네!

20

에피소드 끝에 나오는 QR코드
를 클릭하면 해당 에피소드를
볼 수 있습니다.

Bread Yeah, okay, sure. You'll still need to pass
a job test to work here, however.

Wilk Anything for you, sir!

Bread: 그래, 좋아. 물론 결정은 알겠네. 그래도 우리 이발소는 입사 테스트를 통과해야만 일을 할 수 있네 /
Wilk: 원하는 게 알겠건 수십시오!

28

1. 유튜브에서 브레드이발소를 검색
2. 재생목록에서 BreadBarborshop_Eng를 클릭 후 시청

3. Bread Barbershop(@breadbarbershopeng)채널로 오셔도 전체 영문판 브레드이발소를 보실 수 있습니다.

넷플릭스(Netflix) 등 OTT 서비스 이용

넷플릭스, 쿠팡플레이, 티빙,
웨이브에서 '브레드이발소' 검색

설정에서 음성을 영문으로
바꾸고 시청

이 책을 즐기는 법

이 책에는 총 30개의 장면이 실려 있습니다. 해당 에피소드와 장면 앞의 줄거리와 'Zoom in' 코너의 문장과 설명을 봐야 본문이 더 재밌습니다. 본문이 끝난 뒤 주요 문장들은 'Highlight'에서 확인할 수 있습니다.

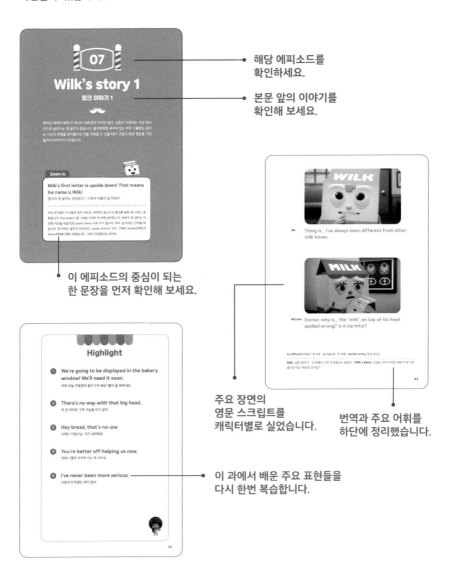

● 해당 에피소드를 확인하세요.

● 본문 앞의 이야기를 확인해 보세요.

● 이 에피소드의 중심이 되는 한 문장을 먼저 확인해 보세요.

주요 장면의 영문 스크립트를 캐릭터별로 실었습니다.

● 번역과 주요 어휘를 하단에 정리했습니다.

● 이 과에서 배운 주요 표현들을 다시 한번 복습합니다.

브레드이발소 캐릭터 소개

Bread 마스터 브레드(식빵)

베이커리 타운 최고의 실력을 자랑하는 이발의 장인. 자기중심적이고 돈만 밝히는 것 같지만 곤경에 빠진 이웃을 보면 남몰래 챙겨주는 따뜻한 감성의 소유자. 브레드이발소를 대표해서 운영하고 있으며 베이커리 타운에서 여러 가지 문제로 이발소에 찾아오는 빵들의 문제를 슬기롭게 해결해 주고 있다.

Wilk 윌크(우유)

Milk가 아닌 돌연변이 Wilk로 태어난 해맑은 영혼을 가진 우유. 마스터 브레드를 어릴 때부터 동경해왔고 브레드이발소에 취업 공고가 붙자마자 나타나 이력서를 낼 정도로 열정이 넘친다. 열정은 넘치지만 너무 덜렁거려 실수를 자주 해 브레드에게 맨날 혼난다. 이발에 대한 열정만큼은 그 누구보다 강해 결코 미워할 수가 없다.

Choco 초코(초코 컵케이크)

윌크가 오기 전부터 브레드이발소에서 일해온 시크한 성격의 캐셔. 정작 일에는 관심이 없고 인터넷 서핑을 하며 시간을 보낸다. 겉으로는 어둡고 시크한 성격을 소유하고 있지만 은근히 주위 사람을 챙기는 따뜻함을 감추고 있다.

Sausage 소시지(비엔나소시지)

브레드이발소의 귀여운 마스코트 강아지. 유기견으로 밖에 나돌고 있는 소시지를 윌크가 브레드이발소로 데려온다. 캐릭터 중에 가장 똑똑하며 성숙하지만, 빵이 아니라는 이유로 무시당하곤 한다. 유기견 시절 고생을 많이 한 탓에 사회생활을 잘한다.

CONTENTS

· 브레드이발소 1~30 단어 모음 PDF(온라인 다운로드)

01

Best cupcake
최고의 컵케이크

태어나 보니 다른 아이들보다 머리가 훨씬 큰 머리 컵케이크! 뭘 해도 큰 머리가 감춰지지 않고 친구들의 놀림은 심해집니다. 그러던 중 이 마을의 유명한 이발사 브레드에 대해 듣게 되고 브레드이발소에 찾아가 고민을 털어놓는데. 최고의 이발사 브레드라도 실제 머리 크기를 줄일 수는 없습니다. 과연 브레드는 큰 머리 컵케이크를 변신시켜 줄 수 있을까요?

Zoom in

Don't tell me you're trying to get into the display case!

설마 그 큰 머리로 진열대에 가려는 건 아니지?

• •

큰 머리 컵케이크가 브레드이발소를 찾아와서 브레드에게 상담을 하고 있는데 다른 컵케이크들이 찾아와 놀리는 대사입니다. '설마 ~하는 건 아니겠지' 하고 물을 때 쓰는 표현으로 여기선 큰 머리 컵케이크를 깔보며 하는 대사입니다. Trying to는 '~을 시도하다'는 의미로 쉽게 되지 않는 무언가를 하려고 노력할 때 쓰는 표현입니다.

Cupcake 1 We're trying to get some new hairdos.

Cupcake 2 We're going to be displayed in the bakery window!
We'll need it soon.

Cupcake 3 Guys, look. It's big head cupcake. He's here for
a haircut.

---

hairdo 머리 모양, 이발, 미용 display 진열하다 haircut 이발, 머리 깎기

....

Cupcake 1: 저희 이발 좀 하려고요. **Cupcake 2:** 저희 오늘 진열장에 올라가야 해요! 빨리 좀 해주세요. /
Cupcake 3: 얘들아, 여기 봐. 큰 머리 컵케이크야. 여기 이발하러 왔나 봐.

Bighead   Uh~ hey!

Cupcake 1   Hang on. Don't tell me you're trying to get into the display case!

Cupcake 2   Hah! Yeah right. There's no way with that big head. And new hair won't help.

Cupcake 1   Hey bread, that's no use. You're better off helping us now.

Don't tell me ~ 설마 ~라는 건 아니겠지   no use 소용없는, 쓸모없는   better off ~하는 게 낫다

....

Bighead: 어, 안녕! / **Cupcake 1:** 잠깐만, 설마… 그 큰 머리로 진열대에 가려는 건 아니지? **Cupcake 2:** 하! 맞네. 저 큰 머리로 그게 가능할 리가 없어. 새로 머리를 해도 도움이 안 될 거야. **Cupcake 1:** 브레드 이발 사님, 시간 낭비예요. 저희나 빨리 꾸며주시는 게 나아요.

Bread   Hmm. Choco... tell me. How many customers have we had since opening?

Choco   Mmm... three thousand, five hundred and two.

Bread   How many have we given up on?

Choco   Exactly zero.

Bread: 흐음~ 초코, 이발소를 열고 지금까지 우리 이발소에 찾아온 손님이 몇 명이지? **Choco:** 음… 총 3502명이요. **Bread:** 지금까지 포기한 손님은? **Choco:** 정확히 0명이에요.

Bread Hear that? As long as I've been in business, I haven't given up once. That's right. Not once have I turned customers away from here.

Bread But today will have to be a first~ for you three!

Bread: 들었지? 내가 지금까지 이발을 하는 동안 포기한 손님은 한 명도 없었어. 맞아. 한 번도 손님을 돌려보 낸 적이 없었어. / **Bread:** 오늘이 처음이겠군~ 너희 세 명 말이야!

Cupcake 2

You can't be serious right now!

Bread

I've never been more serious.
Get out, now!

Bread

Stop, Don't cry.
We'll work something.

Bread

Ohhh! That's IT!

....

Cupcake 2: 지금 장난쳐요? **Bread:** 이렇게 진지했던 적이 없어. 당장 나가! / **Bread:** 이봐, 그만 울어.
내가 뭐라도 해볼게. / **Bread:** 오! 그래, 이거야!

19

BigHead: **Wowww! I've never seen anything so nice.
Oh sir, how can I ever re... pay...**

Bread **Here's an itemized receipt for everything you
owe. But we accept payment plans!**

영상 01

repay 갚다, 보답하다
. . . .

BigHead: 와! 내 머리가 이렇게 멋있어지다니. 이발사님, 이 은혜를 어떻게 갚아야 할지… / **Bread:** 커스텀
이발비 비용 전체 영수증이네. 할부도 가능하다네!

Highlight

1 We're going to be displayed in the bakery window! We'll need it soon.

저희 오늘 진열장에 올라가야 해요! 빨리 좀 해주세요.

2 There's no way with that big head.

저 큰 머리로 그게 가능할 리가 없어.

3 Hey bread, that's no use.

브레드 이발사님. 시간 낭비예요.

4 You're better off helping us now.

저희나 빨리 꾸며주시는 게 나아요.

5 I've never been more serious.

이렇게 진지했던 적이 없어.

Job Test 1

입사 테스트 1

몰려드는 손님으로 눈코 뜰 새 없이 바쁜 브레드! 여기저기서 손님들은 불평을 하고 몸이 두 개라도 모자랄 정도로 정신이 없습니다. 초코한테 도와달라고 하니 뭐 하는지는 모르겠지만 자기는 바쁘답니다. 괴로워하고 있는 브레드에게 초코가 직원을 한 명 더 뽑자고 제안을 합니다. 고민 끝에 브레드는 직원 모집 공고를 붙이는데…

Today's the day my dream comes true!

드디어 오늘 제 꿈이 이루어지는군요!

· ·

평생을 꿈꿔오던 직장에 지원하며 자기의 롤모델 브레드에게 하는 윌크의 말입니다. Dream comes true.는 꿈이 이루어진다는 뜻으로 쓰이는데, 평생 꿈이 현실이 되는 날이 오늘이라며 희망에 가득한 윌크에게 어울리는 표현입니다.

Bread   Hm... I hope someone applies quick.

Wilk   Hi there, sir!

Bread: 흠… 빨리 누가 지원을 해야 할 텐데. / **Wilk:** 안녕하세요!

Wilk   **My name is Wilk White! I want to apply for the job!**

Bread   **Well, that's... really quick.**

---

apply 지원하다   job 일자리   quick 빠른

Wilk: 윌크 화이트라고 합니다! 채용에 지원하고 싶습니다! / **Bread:** 버, 벌써? 빠르군…

Wilk   I've been dreaming about working at the bread barbershop my whole life!
Then your sign says you're hiring! Today's the day my dream comes true!

dream about ~에 대해 꿈꾸다 whole life 평생 hire 채용하다 dream come true 꿈이 이루어지다

Wilk: 저는 태어나서 평생 동안 브레드이발소에서 일하기만을 꿈꿔왔습니다! 그런데 직원 모집 공고를 봤습니다! 드디어 오늘 제 꿈이 이루어지는군요!

Bread

Really? But how long have you even been alive?

Wilk

My mom tells me the story! When I was born, I cut my own umbilical cord!

Wilk

And picked scissors to play with over everything else!

umbilical cord 탯줄

....

Bread: 그래? 나이가 몇이길래? / **Wilk:** 저희 어머니께서 말씀하시길… 전 태어날 때 가위로 탯줄을 스스로 잘랐답니다! / **Wilk:** 그리고 다른 것들을 놔두고 가위를 집어 들고 놀았대요!

Wilk   Other kids liked to cut paper, but not me!
I wanted to cut hair!

Wilk   In rock paper scissors, scissors win every time!
I'll be the best assistant you could ever ask for!

---

rock paper scissors 가위바위보   ask for 요청하다, 원하다

....

Wilk: 다른 아이들은 종이를 자르며 놀았지만, 저는 아니었어요! 저는 머리를 자르고 싶었어요! / **Wilk:** 물론
가위바위보 할 때도 가위를 내면 항상 이깁니다. 원하시는 최고의 조수라고 생각합니다!

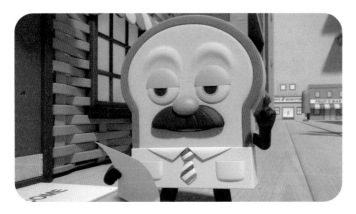

Bread Yeah, okay, sure. You'll still need to pass a job test to work here, however.

Wilk Anything for you, sir!

영상 02

Bread: 그래, 좋아, 물론 열정은 알겠네. 그래도 우리 이발소는 입사 테스트를 통과해야만 일을 할 수 있네. /
Wilk: 뭐든지 맡겨만 주십시오!

Highlight

1 **Hm... I hope someone applies quick.**
흠… 빨리 누가 지원을 해야 할 텐데.

2 **I've been dreaming about working at the bread barbershop my whole life!**
태어나서 평생 동안 브레드이발소에서 일하기만을 꿈꿔왔습니다!

3 **Really? But how long have you even been alive?**
그래? 나이가 몇이길래?

4 **When I was born, I cut my own umbilical cord!**
전 태어날 때 가위로 탯줄을 스스로 잘랐답니다!

5 **Anything for you, sir!**
뭐든지 맡겨주십시오!

Job Test 2

입사 테스트 2

브레드이발소에서 일하는 게 꿈이었던 윌크가 이제 본격적으로 테스트를 받게 됩니다. 돈만 밝히며 괴팍하기로 소문난 브레드는 과연 윌크를 직원으로 뽑을까요? 우리의 윌크는 아무것도 모르고 오늘도 해맑기만 합니다.

Zoom in

I bet this'll be a piece of cake!
자신 있습니다!

. . . .

윌크를 의심스럽게 지켜보는 브레드가 윌크에게 한 번 직접 손님 이발을 해보라고 하자 윌크가 자신 있게 하는 말입니다. a piece of cake는 보통 '식은 죽 먹기야'라는 식의 표현으로 많이 쓰이는데 앞에 bet이라는 동사가 들어가서 '내가 이것을 못할 리가 없다'는 더 확신에 찬 의미가 됩니다.

Bread
Let's get on with the test.
First test... three layers of whipped cream!

Wilk
I bet this'll be a piece of cake!
Even though I failed this subject a bunch of times,
I'm sure it's something I can do!

a piece of cake 식은 죽 먹기 subject 과목 a bunch of time 여러 번

Bread: 입사 테스트를 시작하지. 첫 번째 테스트는… <생크림 3층 쌓기>라네! / Wilk: 자신 있습니다! 제가 이 과목에서 여러 번 낙제를 했지만, 확실히 해낼 수 있습니다!

Bread   Eh?

Wilk   Wow! Master Bread, is this the very same whipped cream that you use?

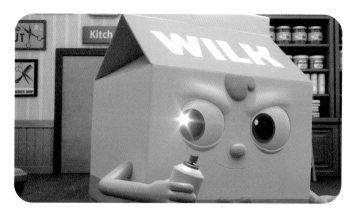

Wilk   Time to show you what great work I can do and get the job!

Bread: 엥? **Wilk:** 와! 사장님, 이게 사장님이 사용하시는 휘핑크림과 같은 제품인가요? / **Wilk:** 내가 얼마나 잘 하는지 보여주고 일자리를 얻을 시간이 됐어!

Wilk   Uh... it's not working...

Wilk   Hang on... It's stuck, but I'll just press hard and see what I can do...

work 작동하다   stuck 막힌, 갇힌   press hard 세게 누르다

Wilk: 어… 이게 왜 안 나오지? / **Wilk:** 잠시만요… 막힌 것 같네요. 이렇게 세게 눌러보고 되는지 보죠…

Bread   Are you serious? Clean this up immediately!

Wilk   Yes sir, right away. Let me clean this up for you.

....

Bread: 제정신인가? 얼른 닦아 드리게! / **Wilk:** 네, 바로 해드리겠습니다. 제가 금방 닦아 드릴게요.

Customer Holy cannoli. This head massage is the best thing
since sliced bread. It brings me back to the good
days, when my mom would lull me to sleep in the
summertime after eating a fresh snack!

Holy cannoli 맙소사, 믿을 수 없어   the best thing since sliced bread 최고의 ~야
bring ~ back to⋯ ~를 ⋯로 데려가다   lull 자장가를 불러주다

Customer: 믿을 수 없어. 이런 두피 마사지는 정말 최고야! 이건 여름에 신선한 간식을 먹고 엄마가 나에게
자장가를 불러주며 재워주셨던 때를 기억나게 해주네!

Wilk

All right, I've cleaned up all the cream, ma'am. I'm sorry for the... huh?

Customer

You're fine! But rub my head again, won't you?

Customer

That was the best massage ever! A minute... no, a second will do!

영상 03

rub 문지르다   ~ will do ~면 되다

Wilk: 손님… 생크림 다 걷어냈습니다. 죄송합… 어? / **Customer:** 괜찮아요. 그런데 한 번만 더 해주시면 안 될까요? / **Customer:** 제가 받아 본 마사지 중 최고였어요! 1분만… 아니 1초라도 좋습니다!

Highlight

① **Let's get on with the test.**
입사 테스트를 시작하지.

② **Wow! Master Bread, is this the very same whipped cream that you use?**
와! 사장님, 이게 사장님이 사용하시는 휘핑크림과 같은 제품인가요?

③ **Are you serious? Clean this up immediately!**
제정신인가? 얼른 닦아 드리게!

④ **This head massage is the best thing since sliced bread.**
이런 두피 마사지는 정말 최고야!

⑤ **It brings me back to the good days.**
좋은 시절 기억을 나게 해주네.

Heavy Metal
헤비메탈

헤비메탈 음악에 대한 열정으로 가득한 컵케이크 밴드! 그런데 공연만 하면 사람들이 보지 않고 딴짓을 합니다. 그러던 중 외모가 중요하다는 것을 깨닫고 브레드이발소에 스타일링을 받으러 갑니다. 뜻대로 잘되지 않자 컵케이크 밴드와 브레드는 험하게 다투게 되고 브레드는 컵케이크들을 간단하게 제압합니다. 여기에 컵케이크들은 분노하며 브레드에게 덤비려고 하는데...

And now it's time to pay!
이제 이발비를 낼 시간이야!

. . . .

헤비메탈 밴드에게 맞는 강렬한 헤어스타일을 만들어주기 위해 그들의 잠재력까지 끌어낸 브레드가 계산서를 내밀며 하는 말입니다. 'It's time to ~' 표현은 간단하면서도 실생활에서 유용하게 쓸 수 있는 표현입니다. 'It's time to study English!'처럼요.

| Guitar | You guys okay? |
| Vocal | That bread... You're really gonna get it now! Rock and... ro~~ll! |

| Drum | Wait! |
| Vocal, Guitar | Huh? |

Guitar: 얘들아… 괜찮아? **Vocal:** 저 식빵 자식… 지금 그 대가를 받게 할 거야! 락앤… 로오오올! / **Drum:** 잠깐! **Vocal, Guitar :** 응?

Drum   Look at our style. It's rad.

Vocal   Woah. We look awesome.

Guitar   I feel the power of rock and roll flowing through
my core!

Vocal   We can definitely get more fans looking like this.

---

rad 근사한, 기막힌 awesome 멋진, 끝내주는   core 중심부, 핵심   definitely 확실히

Drum: 지금 우리 스타일을 좀 봐! 멋진 것 같아. / **Vocal:** 와~ 우리 끝내주는데! **Guitar:** 내 가슴을 타고 흐르는 록앤롤의 힘이 느껴져! **Vocal:** 이 스타일이면 확실히 더 팬들을 모을 수 있어.

Bread **Yes, my newest masterpiece. I call it... Rage Hair!**

Vocal,
Guitar **Huh?**

---

masterpiece 걸작, 명작

. . . .

Bread: 그래, 나의 야심작. 분노의 머리카락! / **Vocal, Guitar:** 엥?

Bread
A new method of styling. Rage hair!
In order to give you what you wanted,
I had to first draw out all of your rage.

Vocal
Oh! It was your... plan?

Guitar
You knew what you were doing all along!

method 방법 in order to ~하기 위해 draw out 끌어내다 rage 분노

Bread: 새 헤어 스타일링 방법이네, 분노의 머리카락! 자네들이 원하는 스타일을 완성하기 위해선, 자네들의 분노를 최대로 끌어내야만 했네. / **Vocal:** 아! 이게 당신의 계획이었군요? **Guitar:** 처음부터 다 알고 하신 거군요!

Vocal We're sorry. We thought you had just made a mistake.

Guitar I thought you were just a creepy old toast trying to rip us off. But you were just doing your job!

Bread That's right. And now it's time to pay!

---

rip off 사기 치다, 등쳐먹다

....

Vocal: 죄송합니다. 이발사님이 실수하신 줄 알았어요. **Guitar:** 저는 저희를 등쳐먹으려는 못된 나이든 식빵인 줄 알았어요. 그런데 이발사님은 그냥 할 일을 하신 거네요. / **Bread:** 맞네. 자~ 이제 이발비를 낼 시간이야!

Vocal	Ah, yeah, of course. Yo, how much you guys got?
Guitar	I don't really think we have a hundred bucks.
Vocal	It seems... we're short fifty...

| Bread | I didn't include tax. |

영상 04

short ~ ~만큼 부족한

....

Vocal: 아! 물론이죠. 얘들아, 얼마나 갖고 있냐? **Guitar:** 아무리 모아도 1백 달러가 안 되는데? **Vocal:** 어떡하지… 50달러가 모자라… / **Bread:** 부가세는 별도일세.

Highlight

1 **You're really gonna get it now!**

지금 그 대가를 받게 할 거야! (it: 당한 만큼 대갚음해 주는 것)

2 **We look awesome.**

우리 끝내주는데!

3 **We can definitely get more fans looking like this.**

이 스타일이면 확실히 더 팬들을 모을 수 있어.

4 **In order to give you what you wanted, I had to first draw out all of your rage.**

자네들이 원하는 스타일을 완성하기 위해선, 자네들의 분노를 최대한 끌어 내야만 했네.

5 **But you were doing your job!**

그런데 이발사님은 그냥 할 일을 하신 거네요!

05

Hello Sausage!

안녕 소시지!

우연히 무리에서 떨어져 나온 귀여운 소시지. 혼자서 살아가기 위해 고군분투하지만 세상은 냉혹합니다. 어딜 가나 차별받고 기댈 곳 없는 소시지는 홀로 길을 걷다 브레드이발소 근처에서 하룻밤을 보내게 됩니다. 윌크는 소시지를 보고 측은한 마음에 브레드이발소로 데리고 오게 됩니다. 브레드의 반대에도 지하실에서 소시지를 몰래 키우는 윌크. 과연 소시지의 운명은?

Zoom in

Is it okay if I take a picture with your dog?
강아지랑 사진 한 장만 찍어도 돼요?

. . . .

윌크와 함께 쫓아낸 소시지를 지나가는 행인이 보고 귀엽다고 말하며 사진을 찍어도 되냐고 묻는 대사입니다. 브레드는 이 말 한마디로 5G 급 태세 전환을 하게 됩니다. 고집 세고 꽉 막힌 아저씨를 바꾸는 건 결국 돈 밖에 없어 보입니다. 이 문장의 'Is it okay if~' 표현은 '~하는 게 괜찮아?'라는 의미로 회화 상황에서 자주 쓰이는 표현입니다.

Bread

Where is that kid?

Bread

Wilk, are you down here?
What is going on?

Wilk

Yikes!

yikes 놀랐을 때 내는 소리, 히익

....

Bread: 이 녀석 어디 갔지? / **Bread:** 윌크, 이 아래에 있니? 대체 이게 뭐야? / **Wilk:** 힉!

Bread   WILK!

Wilk   Ow!

....

Bread: 윌크으! / **Wilk:** 아얏!

Wilk

Huh? Master Bread! It's my fault sir.
Please don't kick poor Sausage out.

Bread

I'm not, I'm kicking you BOTH out!

fault 잘못   kick out 내쫓다

....

Wilk: 네? 브레드 사장님! 제 잘못이에요. 제발 불쌍한 소시지를 내쫓지 마세요. / **Bread:** 아냐. 너희 둘 다 내
쫓는 거야!

Wilk   Please forgive me this once, sir!

Cupcake 1   Oh my crust, aren't you the cutest little thing!

Cupcake 2   Does this cute pup live in the shop?

Cupcake 1   Wow. He's so great!

Cupcake 2   Is it okay if I take a picture with your dog?

forgive 용서하다   pup puppy의 준말, 강아지   crust 빵이야기라서 god 대신 crust를 씀
....
Wilk: 제발 이번 한 번만 용서해 주세요! / **Cupcake 1:** 와~ 너무 귀엽다! **Cupcake 2:** 여기 이발소에서 키우는 강아지예요? **Cupcake 1:** 와~ 너무 귀여워! **Cupcake 2:** 강아지랑 사진 한 장만 찍어도 돼요?

Bread   Of course, ma'am, of course! Ol' Sausage here...
he's the mascot of our shop, right? Please, take a
picture. As many as you'd like!

Ol' old의 줄임말, 사랑스러운, 오래된   mascot 마스코트   as many as ~만큼 많이

Bread: 물론… 찍어도 되고 말고요! 사랑스러운 소시지죠… 이 아이는 물론 저희 이발소의 마스코트랍니다,
맞죠? 사진 찍으세요. 얼마든지요!

Cupcake 1   Wow, thanks so much!

Wilk   Uh, s-sir?

Bread   And if you upload the picture, I'll give you a discount!

Cupcake 1   That's so cool!

Cupcake 2   This place is awesome!

영상 05

discount 할인

....

Cupcake 1: 와~ 감사합니다! **Wilk:** 사… 사장님? / **Bread:** 사진을 올리시면 이발비도 할인해 드릴게요!
Cupcake 1: 정말 멋지네요? **Cupcake 2:** 여기 최고다!

Highlight

1 **It's my fault sir.**

사장님, 제 잘못이에요.

2 **Please don't kick poor Sausage out.**

제발 불쌍한 소시지를 내쫓지 마세요.

3 **I'm not, I'm kicking you BOTH out!**

아냐, 너희 둘 다 내쫓는 거야!

4 **Please, take a picture. As many as you'd like!**

사진 찍으세요. 얼마든지요!

5 **And if you upload the picture, I'll give you a discount!**

사진을 올리시면 할인해 드릴게요!

06
Bully Pie
악당 파이

약한 빵들을 괴롭히는 악당 파이. 우락부락하게 생긴 외모와 덩치로 길거리에서 아무도 건드리지 않습니다. 길을 가다가 우연히 자신이 지명 수배되었음을 알게 되고 경찰이 자신을 쫓지 못하게 브레드이발소에 가서 자신의 외모를 바꾸려고 합니다. 하지만 너무나 거친 외모로 인해 브레드가 어떤 방법을 써도 효과가 없습니다. 과연 브레드는 어떻게 파이를 꾸며줄까요?

Zoom in

Ahhhh! The horror! My eyes are burning!
으악! 끔찍해! 내 눈이 따가워!

• •

브레드가 자존심을 걸고 외모를 뜯어고쳐 줬지만 악당 파이의 험상궂은 얼굴은 역시 난이도가 있습니다. 악당 파이가 이 정도면 된 것 같아서 귀여운 척을 하자 브레드가 눈을 뜨고 볼 수 없다며 내뱉는 말입니다. 여기서 burning은 '내 눈이 썩고 있어!'와 비슷한 의미로 '눈이 화끈거려, 눈이 시려' 정도의 의미로 보시면 됩니다.

Bad Pie

It's perfect. Wow.
No one will know
it's me!
How much do I owe
you?

Bread

No no no no no!
It's still not right!
What did you do in
a past life to deserve
this crusty old mug?

Bread

My marshmallow
perm has never failed
so hard before
the likes of you!

---

owe 빚을 지다　past life 과거　deserve ~할 자격이 있다　mug 얼굴　the likes of you 너 같은 사람들

Bad Pie: 완벽해. 와~! 아무도 난 줄 못 알아보겠어. 얼마를 드리면 될까요? / **Bread:** 아니야! 아직도 아니야!
도대체 그동안 무슨 짓을 하고 살았길래 그런 딱딱하고 이상한 얼굴을 하고 있는 거지? / **Bread:** 내 마시멜로
우 파마가 너 같은 사람한테 이렇게 실패한 적이 없다고!

Bad Pie   Hey! This hair makes me look like a sugary delight. Don't you think so?

Bread   Ahhhh! The horror! My eyes are burning!

---

sugary delight 달콤한 디저트류   **horror** 공포, 경악

....

Bad Pie: 저기요, 이 헤어스타일 때문에 달콤한 디저트같이 보이지 않나요? 그렇지 않아요? / **Bread:** 으악!
끔찍해! 내 눈이 따가워!

Bread   **Choco, shut the door. Wilk! Tell everyone we're closed!**

Choco   **Psh. Here we go again...**

Bread: 초코, 문 닫아! 윌크! 모두에게 영업 끝났다고 해! **Choco:** 또 시작이시네…

Bread	Nobody leaves this place until I make this right as grain. Nobody! Get ready for an all nighter.
Bad Pie	Geez, am I really that bad?
Choco, Wilk	See you tomorrow, Master Bread!

---

until ~할 때까지   **right as grain** 아주 상태가 좋은, 건강함(right as rain을 상황에 맞게 살짝 바꾼 표현, grain 곡물)   **all nighter** 밤샘 작업

. . . .

Bread: 내가 이것을 바로잡을 때까지 여기서 아무도 못 나가! 아무도! 오늘 밤샐 각오하라구. **Bad Pie:** 이런, 내가 그렇게 상태가 안 좋나요? **Choco, Wilk:** 내일 뵙겠습니다, 브레드 사장님!

Bad Pie   Huh? Oh! Haha!
Oh! I'm finally a whole new pie!

Bread   That's right. I knew the Sweet Pretty Lady Pie
look would do the trick. I sure do impress myself.

do the trick 성공하다
....
Bad Pie: 어? 오! 하하! 이거야! 마침내 완전히 다른 파이가 됐어! / **Bread:** 그렇다네. 역시… <스위트 프리티
레이디 파이>는 통할 줄 알았어. 확실히 나 자신을 감동시켰군.

Bad Pie Thank you so much Mr. Bread!
You're all right in my book!

Bad Pie Thank you, mister! See you soon!
Good luck finding that stale old pie!
I'm turning over a new leaf in life!

영상 06

In one's book ~의 생각에는, 기준에는 **stale** 냄새나는, 오래된
turn over a new leaf 마음을 고쳐먹다, 새사람이 되다

· ·

Bad Pie: 고맙습니다! 당신 실력이 정말 좋네요! / **Bad Pie:** 수고 많았수다! 다음에 또 올게요!
상하고 오래된 파이 열심히 찾아봐요! 난 인생을 새 출발할 테니!

Highlight

1 **No one will know it's me!**
아무도 난 줄 못 알아보겠어!

2 **Don't you think so?**
그렇지 않아요?

3 **Tell everyone we're closed!**
모두에게 영업 끝났다고 해!

4 **Nobody leaves this place until I make this right as grain.**
내가 이것을 바로잡을 때까지 여기서 아무도 못 나가.

5 **I sure do impress myself.**
확실히 나 자신을 감동시켰군.

Wilk's story 1

윌크 이야기 1

태어날 때부터 Milk가 아니라 Wilk였던 우리의 윌크. 남들과 다르다는 사실 하나만으로 살아가는 게 쉽지가 않습니다. 불치병처럼 새겨져 있는 W로 고통받는 윌크는 자신의 운명을 받아들이고 이를 극복할 수 있을까요? 귀엽고 맑은 영혼을 가진 윌크의 이야기가 시작됩니다.

Zoom in

Milk's first letter is upside down! That means his name is Wilk!

밀크의 첫 글자는 뒤집혔고~ 그래서 이름이 윌크래요!

• •

우유 친구들이 자기들과 같은 M으로 시작하지 않는다고 윌크를 놀릴 때 나오는 표현입니다. first letter는 말 그대로 단어의 첫 번째 글자입니다. Milk의 첫 글자는 M인데 이것을 뒤집으면(upside down) 바로 W가 됩니다. 마치 '곰'이라는 단어를 뒤집으면 '문'이라는 글자가 되듯이요. upside down도 단어 그대로 upside(위쪽)가 down(아래로) 향한 모양입니다. 그래서 뒤집혔다는 의미죠.

Wilk   Thing is... I've always been different from other milk boxes.

Wilk's Mom   Doctor, why is... the "milk" on top of his head spelled wrong? Is it harmful?

---

be different from ~와 다른 **on top of** ~의 위에 **spelled wrong** 잘못 쓰여있는

Wilk: 실은 말이지… 난 언제나 다른 우유들과는 달랐어. / **Wilk's Mom:** 선생님, 아이 머리의 Milk가 왜 다른 글자인가요? 해로운 건가요?

Doctor   Don't know. This is the first time I've seen this.
         However... I'm afraid nothing can be done
         about it. I'm sorry.

Wilk's Dad   Dear, no, don't cry.

Doctor: 글쎄요, 이런 경우는 저도 처음입니다. 그런데… 제가 할 수 있는 일이 없네요. 죄송합니다.
/ **Wilk's Dad:** 여보, 안돼, 울지 마.

Chocolate Milk Hey nerd! Go on and take your hat off!

Strawberry Milk I heard his "milk" is spelled with a "W" instead!

Soybean Milk Just take off the hat! It's not like hiding it will fix it!

Strawberry Milk He's got a point!

---

nerd 공부만 하는 모범생 take off 벗다 it's not like ~인 것은 아니다

. . . .

Chocolate Milk: 야 범생이! 모자 좀 벗어 봐! **Strawberry Milk:** 쟤 머리에 milk가 M이 아니라 W로 써 있다면서? / **Soybean Milk:** 모자 좀 벗어 봐! 숨긴다고 그게 고쳐지지 않잖아! **Strawberry Milk:** 그 말이 맞네!

Soybean, Strawberry Milk

Ahahahahahah~

Wilk

Nuh-uh! I'm the same as you guys, mine says "milk" too!

Chocolate Milk

Then take it off if that's true!

the same as ~와 같은

....

Soybean, Strawberry Milk: 하하하하하~ / **Wilk:** 아냐! 나도 너희들처럼 머리에 Milk라고 쓰여 있다고!
/ **Chocolate Milk:** 그게 맞으면 모자를 벗어보라고!

| Strawberry Milk | His letter's upside down! That's rich! |
| Soybean Milk | So all the rumors were right! |

---

upside down 뒤집힌   That's rich! (비꼬는 식의) 재미있다!   rumor 소문

Strawberry Milk: 정말 M이 거꾸로 뒤집혔어! 재밌네! **Soybean Milk:** 소문이 사실이었잖아!

All Milks Milk's first letter is upside down!
That means his name is Wilk!

Wilk No! I'm Milk! Not Wilk! Stop it!

영상 07

....

All Milks: Milk의 첫 글자는 뒤집혔고~ 그래서 이름이 윌크래요! / **Wilk:** 아냐! 나도 윌크가 아니라 밀크라
고! 그만해!

Highlight

1 **Thing is... I've always been different from other milk boxes.**

실은 말이지… 난 언제나 다른 우유들과는 달랐어.

2 **I'm afraid nothing can be done about it. I'm sorry.**

제가 할 수 있는 일이 없네요. 죄송합니다.

3 **He's got a point!**

그 말이 맞네!

4 **I'm the same as you guys, mine says "milk" too!**

나도 너희들처럼 Milk라고 쓰여 있다고!

5 **So all the rumors were right!**

소문이 사실이었네!

Wilk's story 2

윌크 이야기 2

Milk가 아닌 Wilk로 태어난 윌크는 앞 글자 하나로 의사에게 불치병 진단을 받고 친구들에게 놀림을 받으면서 살아갑니다. 이걸 고칠 수 있는 방법은 천재 이발사 브레드를 찾아가는 것뿐이라고 생각하고 브레드이발소에 찾아갑니다. 브레드는 윌크를 고쳐주기 위해 갖은 애를 쓰지만 윌크를 고쳐주는 것은 불가능해 보입니다. 윌크는 밀크가 될 수 있을까요?

Zoom in

But there's only one Wilk in the world.

그런데 이 세상에서 윌크는 너 하나뿐인 거야.

• •

불치병을 고치기 위해 브레드이발소에 찾아왔지만 무슨 방법을 써도 W를 뒤집는 게 어려워 보입니다. 절망하는 윌크에게 가끔씩만 자상한 브레드 사장이 해주는 다정한 말입니다. 윌크를 생각하고 배려해서인지 아니면 빨리 퇴근하기 위한 꼼수인지는 모르겠지만요. 위 표현을 조금 유창하게 표현해 보면 'You are one and only, Wilk!'라고도 할 수 있습니다.

Bread   There, all done.

Wilk   Woooahhh! It looks good as new!
I feel like an entirely new milk box.
Thank you! Thank you so much!

---

all done 끝남, 다 됐음 as new 새것처럼 feel like ~처럼 느끼다

....

Bread: 다 끝났다. / **Wilk:** 우와아아! 새것 같네요! 완전히 새 우유로 태어난 것 같아요. 감사합니다! 정말 감사합니다!

Wilk

No, my M...

Wilk

If the genius barber can't fix me then I'm really beyond hope.

Wilk

I guess I'll be Wilk forever!

---

fix 고치다   **beyond hope** 희망이 없는

....

Wilk: 내… 내 M이! / **Wilk:** 천재 이발사님도 못 고치는 거면 저는 희망이 없네요. / **Wilk:** 난 평생 윌크로 살아야 하나 봐!

Bread   **Wait, don't cry... let's think of this another way.
Your name is Wilk, right?**

Bread   **Kid... you know why people come to
my barber shop, right?**

Wilk   **Uh, why?**

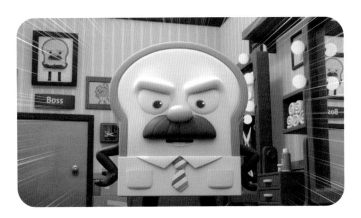

Bread   **Because... they want to become unique.**

Wilk   **Huh?**

---

unique 특별한

....

Wilk: 왜… 왜요? / **Bread:** 바로… 특별해지기 위해서란다. **Wilk:** 헛!

Bread   Every bakery item wants to feel special.
They come here to become somebody new who
stands out from the box of a dozen. So really Wilk,
you have the advantage.

Wilk   What do you mean?

---

stand out 눈에 띄다   advantage 장점, 이점

Bread: 모든 빵들은 저마다 특별한 매력을 갖고 싶어 하지. 빵들은 여기 와서 다른 새로운 매력을 가지고 싶어
하고, 수십 개의 상자에서 다른 빵들보다 눈에 띄길 원하지. 그래서 윌크야, 넌 남들보다 유리한 거야!
Wilk: 무슨 뜻이세요?

Bread Think about it. Everyone and their mom has "Milk" on their heads.
But there's only one Wilk in the world.

Wilk I'm just... unique?
Why... of course! I'm meant to be my own unique special box!
Thank you so much, Master Bread!

영상 08

meant to be ~할 운명인, 타고난

Bread: 생각해 봐. 모든 우유와 걔네들의 엄마는 모두 똑같이 머리에 Milk라고 인쇄되어 있잖아? 그런데 이 세상에서 윌크는 너 하나뿐인 거야. / **Wilk:** 내가 특별하다? 왜… 그렇군요! 저는 저만의 특별한 우유가 될 운명이군요! 정말 고맙습니다, 브레드 이발사님!

Highlight

① I feel like an entirely new milk box.

완전히 새 우유로 태어난 것 같아요.

② If the genius barber can't fix me then I'm really beyond hope.

천재 이발사님도 못 고치는 거면 저는 희망이 없네요.

③ Wait, don't cry... let's think of this another way.

잠깐만, 울지 말고… 지금 이 상황을 다르게 한 번 생각해 보자.

④ So really Wilk, you have the advantage.

그래서 윌크야, 넌 남들보다 유리한 거야.

⑤ I'm meant to be my own unique special box!

저는 나만의 특별한 우유가 될 운명이군요!

09

Chippy customer
까칠한 고객

브레드이발소에 앙심을 품고 깽판을 치러 온 수상한 감자칩! 조용한 브레드이발소에 진상 손님이 되어서 손님빵들을 불편하게 하고 가격이 비싸다는 불평을 하며 나가버립니다. 이게 끝인 줄 알았지만 TV에서 브레드이발소에 대한 좋지않은 뉴스가 나옵니다. 마침 마스터 브레드는 출근해서 TV에 나온 브레드이발소 뉴스를 보게됩니다.

Zoom in

He's the one behind all this, I'm sure.
이 모든 게 감자칩이 꾸민 짓이에요, 분명해요.

· ·

TV에서 가짜 뉴스가 나오는 것을 보고 브레드이발소를 깎아내리는 감자칩의 본모습을 깨달은 초코의 대사입니다. 영화나 드라마에서 보면 '이 배후에는 ~가 있어'라는 상황이 많이 나옵니다. 이럴 때는 '~의 뒤에'라는 뜻을 가진 behind를 명사와 함께 쓰면 됩니다..

Choco Master Bread, come look! Something's gone wrong.

Bread What do you mean? Huh? What's this?

Croissant Hello everyone. This is Bakery X-files.
I'm Croissant. Bread Barbershop has long been
known as the best salon in town.

---

go wrong 잘못되다   **salon** (남녀 공용) 미용실

....

Choco: 사장님, 이것 좀 보세요! 큰일 났어요. **Bread:** 뭐… 뭐야, 저게? / **Croissant:** 안녕하십니까? 베이커리 X파일의 크루아상입니다. 브레드이발소는 베이커리 타운에서 최고의 이발소로 알려져 왔습니다.

Wilk	Morning, Choco! Morning, Master Bread.
Choco	Sshh!

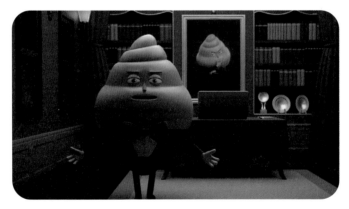

Croissant But our exclusive look reveals high-rising prices and crumby service.

exclusive 독점적인 reveal 드러내다, 들춰내다 crumby 빵가루가 많은, 지저분한(빵 이야기라서 나온 중의적인 형용사)

Wilk: 안녕, 초코! 안녕하세요, 사장님! **Choco:** 쉿! / **Croissant:** 그런데 말입니다, 저희가 단독으로 살펴본 결과, 높은 가격과 좋지 못한 서비스가 드러났습니다.

80

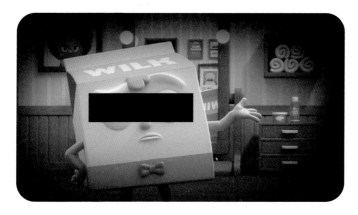

Wilk   Sometimes it just takes a bit of time to get the best haircut for you... If you don't like it, go somewhere else!

Wilk   I... don't remember saying that.

....

Wilk: 최고의 머리 스타일을 위해선 가끔 좀 시간이 걸리기도 하지요… 기다리기 싫으면 딴 데 가세요! /
Wilk: 나… 저런 말 한 기억이 없는데.

81

Choco　　We only use high quality ingredients. Or not!
That's just what we tell customers so they give us
all their cash.

Choco　　That's fake!

Wilk　　This is slander! Someone's just trying to bring us
down!

Choco　　Hey Wilk, where'd you get that?

....

Choco: 저희는 품질이 좋은 재료만 사용해요. 그런데 아닐 수도! 그렇게 손님들한테 얘기해야 우리한테 돈을
퍼 주지요. / **Choco:** 저건 가짜야! **Wilk:** 이건 모함이에요! 누군가 우리를 무너뜨리려는 거라고요! **Choco:**
윌크, 그런데 그거 어디서 받았어?

Wilk   Oh, this? The new hair salon across the street is giving away snacks. Huh?

Choco   It's that nasty chip who came in here yesterday! He's the one behind all this, I'm sure.

Bread   The nerve!

give away 나눠주다   nasty 나쁜, 고약한   behind ~의 뒤에   nerve 나쁜 놈, 못된 놈

Wilk: 아, 이거? 건너편에 미용실이 과자를 나눠주고 있더라고요. 응? / **Choco:** 이건, 어제 여기 왔던 그 나쁜 감자칩이에요! 이 모든 게 그 사람이 꾸민 짓이에요. 분명해요. **Bread:** 이런 못된 놈 같으니라고!

Potato Chip Tired of expensive haircuts?
Don't wanna wait too long for that new 'do?

Potato Chip Come on down to Potato Chip Hair Shop!
We're the fastest and cheapest shop this side of
the bakery aisle!

영상 09

do 헤어스타일 aisle 통로

Potato Chip: 비싼 이발비 때문에 진절머리가 나신다고요? 새 헤어스타일을 하는 데 너무 오래 기다리고 싶지 않다고요? / **Potato Chip:** 감자칩 미용실에 오세요! 저희는 이쪽 베이커리 통로 쪽에서 가장 빠르고 싼 이발소입니다!

Highlight

1 **Bread Barbershop has long been known as the best salon in town.**
브레드이발소는 베이커리 타운에서 최고의 이발소로 알려져 왔습니다.

2 **Sometimes it takes a bit of time to get the best haircut for you.**
최고의 머리 스타일을 위해선 가끔 좀 시간이 걸리기도 하지요.

3 **If you don't like it, go somewhere else!**
기다리기 싫으면 딴 데 가세요!

4 **Someone's just trying to bring us down!**
누군가 우리를 무너뜨리려는 거라고요!

5 **The new hair salon across the street is giving away snacks.**
건너편에 미용실이 과자를 나눠주고 있더라고요.

10

Camembert Cheese

카망베르 치즈

카망베르 치즈는 특유의 꼬린내 때문에 항상 스스로를 부끄러워합니다. 그러던 중 윌크를 만나서 무슨 일이든 해결해 준다는 브레드이발소에 대해 알게 됩니다. 마스터 브레드 앞에서 자신의 본 모습을 보여주자 이발소의 모든 직원들이 냄새 때문에 기절할 지경입니다. 이때 손님들이 들어오는데…

Zoom in

Oh no. It looks like Cheese needs my help again.

안 돼, 치즈가 또 내 도움이 필요해 보여.

• •

고약한 냄새가 나는 카망베르 치즈가 위기에 처하자 윌크가 도와주려고 결심하는 장면에서 나오는 대사입니다. 누군가를 감싸주기 위해 브레드이발소의 전 직원이 희생하는 아름다운 장면이죠. 여기서 'look like'은 뒤에 오는 '절의 내용처럼 보여'라는 뜻으로 쓰였습니다.

Muffin　What's going on? Someone leave rotten milk in here?

Donut　I've never smelled anything so foul.

Donut　I knew it. He looks like a Camembert.

Muffin　It is you, right?

---

rotten 썩은　foul 악취나는, 더러운

....

Muffin: 무슨 일이에요? 누가 썩은 우유를 여기 뒀나? **Donut:** 이렇게 고약한 냄새는 처음이야. / **Donut:** 그럴 줄 알았어. 카망베르 아이 같아. **Muffin:** 너구나, 맞지?

Wilk   Camembert! No! Oh No.
It looks like Cheese needs my help again... uh...

Wilk

Pooooof!

Wilk

Whoopsie, looks like lunch didn't sit so well.

Donut

Oh, the nerve of doing that in front of customers!

the nerve 뻔뻔함, 대담함
....
Wilk: 뿌~~웅! / **Wilk:** 죄송합니다, 점심 먹은 게 소화가 잘 안됐나 봐요. / **Donut:** 어우~ 손님들 앞에서 뭐 하는 거예요?

Choco   Ugh, I must've eaten something bad too.
My stomach's in revolt.

Muffin   I'm revolted too, Choco!

Choco   Well, what do you want me to do?

---

in revolt 속이 불편한, 메슥거리는

Choco: 어후, 나도 상한 것을 먹은 게 분명해. 나도 속이 너무 안 좋네. / Muffin: 초코, 나도 속이 안 좋아지는 것 같아! Choco: 그럼, 나보고 어쩌라고요?

90

| Bread | Agh, good crust! Oh no! |
| Wilk | Oh no, why am I tooting so much? |

Donut   That is some putrid customer service!

---

good crust 영어의 good god이나 good grief를 crust라는 빵 부분의 이름으로 바꿈. 맙소사, 이런
toot 방귀를 뀌다, 소리를 내다   putrid 아주 불쾌한, 고약한   customer service 고객 서비스

. . . .

Bread: 아, 이런! 오, 안돼! **Wilk:** 이런, 자꾸 왜 방귀가 나오지? / **Donut:** 고객 서비스가 정말 불쾌하네요!

| Wilk | Sorry everyone! |
| Bread | Come back and I'll make your hair look good! |

Camembert You... did all that... for me?

영상 10

....

Wilk: 죄송합니다! **Bread:** 다음에 오시면 머리 멋지게 해드리죠! / **Camembert:** 날 위해… 일부러…?

Highlight

1 **I've never smelled anything so foul.**
이렇게 고약한 냄새는 처음이야.

2 **Whoopsie, looks like lunch didn't sit so well.**
죄송합니다, 점심 먹은 게 소화가 잘 안됐나 봐요.

3 **Ugh, I must've eaten something bad too.**
어후, 나도 상한 것을 먹은 게 분명해.

4 **Well, what do you want me to do?**
그럼, 나보고 어쩌라고요?

5 **Come back and I'll make your hair look good!**
다음에 오시면 머리 멋지게 해드리죠!

Munchkin Donut

개구쟁이 도넛

미용실에만 가면 머리를 하기 싫다며 난리를 치는 개구쟁이 도넛 이야기. 많은 미용실에 갔지만 모두 실패하고 이제 남은 것은 브레드이발소밖에 없는 엄마 도넛. 개구쟁이 도넛은 잔머리를 굴리며 여기서도 머리를 깎지 않으려고 합니다. 브레드는 자기가 아끼는 베리 레인저까지 쥐여주며 달래보지만 개구쟁이 도넛은 그것을 던져서 망가뜨리고 맙니다. 과연 개구쟁이 도넛은 머리를 깎을 수 있을까요?

Zoom in

We'll leave. He's too much for you.

저희는 가볼게요. 역시 선생님도 얘를 감당하지 못하시네요.

• •

믿었던 브레드이발소에 왔지만 변함없는 개구쟁이 도넛의 장난기로 엄마는 브레드를 못 믿겠다는 말을 하게 됩니다. 그러나 이 말 한마디는 엄청난 결과를 가져오게됩니다. Too much는 '과하다, 너무 많다'는 의미로 여기선 '감당하기 힘들다'는 뜻으로 쓰였습니다.

Kid Donut   No berry ranger! I want the Dinoforce Ranger!

Bread   I swear in the name of Gluten.

---

in the name of gluten 신의 이름으로(in the name of god을 빵 세계의 표현으로 바꾼 것)

Kid Donut: 베리 레인저는 싫어! 난 다이노포스 레인저를 갖고 싶어! / **Bread:** 글루텐에게 맹세코 가만두지 않겠어.

Choco	No sir! Don't lose your cool, he's just a child!
Bread	You rascal! Berry ranger was limited edition!
Kid Donut	No haircut! I don't want to!

| Mother Donut | All right. This was all a waste of time. We'll leave. He's too much for you. Too much for you. Too much for you. |

---

limited edition 한정판 **rascal** 악당, 못된 놈 **waste of time** 시간 낭비
....
Choco: 사장님, 침착하세요. 그냥 어린애예요! **Bread:** 야, 이 녀석아! 이 베리 레인저는 한정판이었다고!
Kid Donut: 머리 깎기 싫어! 싫다고! / **Mother Donut:** 좋아요. 이건 모두 시간 낭비네요. 저희는 가볼게요.
역시 선생님도 얘를 감당하지 못하시네요. 감당하지 못하시네요. 감당하지 못하시네요.

Bread Please, don't go. Choco, bring it to me.

Choco But... are you sure that there's no other way?

Bread Just bring it to me.

---

bring ~을 가져오다
....
Bread: 아직 가실 때가 아닙니다. 초코, '그것'을 가져오게. / **Choco:** 하지만… 다른 방법이 없을까요?
Bread: 그냥 가져오게나.

Kid Donut   This is the worst place in the world!

Bread   Ooooooooh!

Mother
Donut   What is that?

raisin 건포도

Kid Donut: 여긴 정말 최악이야! / Bread: 오오오오~! Mother Donut: 저게 뭐지?

Kid Donut Mom, look! So funny!

Bread He's calmed down now. Time to shine!

calm down 진정하다   time to shine (실력 등을) 발휘할 때

....

Kid Donut: 엄마, 저것 봐! 이 아저씨 너무 웃겨! / **Bread:** 이제 진정됐어. 이제 실력 발휘를 할 시간이군!

Mother Donut I've never seen someone work so quickly like that. It's like the raisin gave him super powers!

Choco Yeah, that's true. It's not the first time he's had to pull out all the stops.

Mother Donut Ahh! He looks so good! I'll tell all the other parents about you!

영상 11

pull out all the stops 최선을 다하다

....

Mother Donut: 저렇게 빨리 이발하시는 분은 못 봤어요. 저 건포도가 이발사님에게 수퍼 파워를 준 것 같아요! **Choco:** 네, 맞아요. 사장님이 저렇게 애를 쓰셔야만 했던 게 처음은 아니에요. / **Mother Donut:** 아, 참 잘 꾸며주셨어요! 제 주변 모든 부모들에게도 사장님 얘기를 할게요!

Highlight

① **Don't lose your cool, he's just a child!**
침착하세요. 그냥 어린애예요!

② **All right. This was all a waste of time.**
좋아요. 이건 모두 시간 낭비네요.

③ **Please, don't go. Choco, bring it to me.**
아직 가실 때가 아닙니다. 초코, '그것'을 가져오게.

④ **He's calmed down now. Time to shine!**
이제 진정됐어. 이제 실력 발휘를 할 시간이군!

⑤ **It's not the first time he's had to pull out all the stops.**
사장님이 저렇게 애를 쓰셔야만 했던 게 처음은 아니에요.

12

Master Barber 1

이발의 달인 1

TV 쇼는 다 꾸며낸 것이라며 한가롭게 차를 마시고 있는 브레드한테 <직업의 달인> PD가 찾아옵니다. 심드렁한 반응을 보이며 머리하러 왔냐고 되묻는 브레드에게 PD 는 당황하지만, 자기 쇼에 나왔던 사람들의 성공 사례를 줄줄이 얘기하자 욕망의 화신 인 브레드는 바로 반응하기 시작합니다. 과연 브레드는 TV에 출연해서 성공할 수 있 을까요?

Zoom in

Hang on. How soon can you start filming?
잠시만요, 촬영은 언제 시작할 수 있습니까?

• •

직접 찾아와서 TV에 내보내 준다고 해도 별 감흥이 없자 <직업의 달인> 팝콘 PD가 부자가 될 수 있다는 회심의 한 마디를 날리고 욕심 많은 브레드는 바로 설득당합니 다. Hang on은 '기다려, 잠깐'의 의미로 PD가 나가버리려고 하자 브레드가 기다리라 며 다급하게 하는 말입니다.

Director Popcorn	Hey, are you Master Bread?
Bread	Says who?

Director Popcorn	That's who I am!
Bread	Half off karaoke?

half off 50% 할인

. . . .

Director Popcorn: 브레드 사장님 되시죠? **Bread:** 누가 그럽디까? / **Director Popcorn:** 이런 사람입
니다! **Bread:** 노래방 반값 할인 쿠폰?

Director Popcorn Wait, that's not right. Haven't you seen Experts at Work? I'm the director for that show.

Wilk Wait, you directed it?
Wow, I really love Experts at Work!
How great! I'm a huge fan!

Director Popcorn: 잠시만요. 잘못 드렸네요. <직업의 달인> 보신 적 없어요? 제가 바로 그 프로그램 감독입니다. / **Wilk:** 어, <직업의 달인> PD님이세요? 와, 저 그 프로그램 정말 좋아해요! 대박! 저 완전 팬이에요!

Bread

So what kind of haircut can I get you?

Director Popcorn

Nah, I'm not here to get my hair done. We want you on our show, because we heard you're quite the expert.

Bread

I am. I don't wanna be on your show.

quite 매우, 꽤

....

Bread: 그나저나 머리는 어떻게 해드릴까요? / **Director Popcorn:** 아니, 제가 머리하러 온 게 아니고요.
사장님 이발 실력이 훌륭하다고 해서, 출연 섭외하러 왔습니다. / **Bread:** 실력은 훌륭합니다. 그런데 난 방송
관심 없수다.

Wilk　　Twisted Bread's laundry did well after the show.
I heard your show brings in lots of business, is it
true?

Director
Popcorn　Yep! He doesn't know what to do with all his new
customers. He even bought a new house.
But don't take my word for it.

---

bring in ~을 가져오다, 들여오다　take someone's word for it ~의 말을 곧이곧대로 믿다

Wilk: 꽈배기 아저씨 세탁소가 쇼에 나온 후에 장사가 엄청 잘 되더라고요? 그 쇼에 나온 가게들은 전부 장사가 잘 된다면서요. 진짜예요? / **Director Popcorn:** 그럼! 너무 손님이 많이 와서 감당을 못하고 있어. 얼마 전에는 새 집도 샀지 뭐야. 그런데 내 말을 다 믿을 필요는 없어.

Director Popcorn
Mr. Donut's Auto Shop, episode 37... Cheese Stick's piano shop "cheesy keys", episode 92. All of them are living large!

Director Popcorn
Guess I'll have to go find another barber.

---

live large 사치롭게 살다, 사치하다
. . . .
Director Popcorn: 37회에 나온 정비소 도너츠, 92회에 나온 피아노 학원 '치즈 키즈'의 원장 치즈스틱…
지금 다들 부자처럼 살고 있어! / **Director Popcorn:** 난 다른 이발사나 찾아봐야겠다.

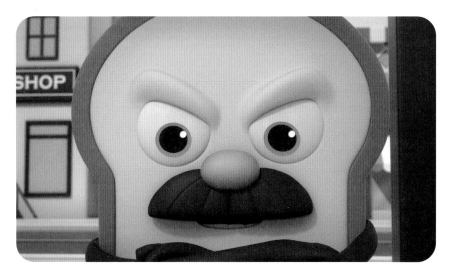

Bread Hang on. How soon can you start filming?

영상 12

film 촬영하다

Bread: 잠시만요, 얼마나 빨리 촬영을 시작할 수 있습니까?

Highlight

1 **So what kind of haircut can I get you?**
그나저나 머리는 어떻게 해드릴까요?

2 **We want you on our show, because we heard you're quite the expert.**
사장님 이발 실력이 훌륭하다고 해서, 출연 섭외하러 왔습니다.

3 **I heard your show brings in lots of business, is it true?**
그 쇼에 나온 가게들은 전부 장사가 잘 된다면서요. 진짜예요?

4 **He doesn't know what to do with all his new customers.**
너무 손님이 많이 와서 감당을 못하고 있어.

5 **Guess I'll have to go find another barber.**
난 다른 이발사나 찾아봐야겠다.

Master Barber 2
이발의 달인 2

욕망의 화신인 브레드 사장님은 팝콘 PD의 꼬임에 넘어가 촬영을 하게 됩니다. 이 쇼에만 출연하면 돈을 많이 벌 수 있다는 생각에 내키지는 않지만 열심히 촬영에 임하게 됩니다. 그런데 팝콘 PD의 갑질이 이제 시작됩니다. 너무 과장된 것만 시키는 팝콘 PD의 요구에 브레드이발소 식구들은 지치게 되는데…

Zoom in

Hey, you want that cash, no?
사장님, 돈 벌고 싶죠, 아니에요?

· ·

브레드가 촬영에 동의하자마자 팝콘 PD의 갑질은 시작됩니다. 예정에도 없던 할인 행사에 초코와 윌크에게 터무니없는 것을 요구하기도 하죠. 그럴 때마다 팝콘 PD는 브레드에게 돈 벌기 싫으냐고 속삭입니다. 여기서 cash는 돈, 재산 등을 의미하며 money, fortune, wealth 등 다른 표현으로도 쓸 수 있습니다.

Director Popcorn

Camera one! Get that boom!
Come on cakes, let's move!
And you! Try to act normal.
Just a couple of folks, working at the shop.

Director Popcorn

Arrgh! This place is dull!
We need to spice things up!
How long's this place been open for?

---

folks 사람들   spice things up 변화를 주다

Director Popcorn: 첫 번째 카메라! 붐 잡고! 빨리빨리 움직이자고, 케이크! 그리고 여러분! 평소에 하던 대로 하세요! 몇 분만 가게에서 일하는 모습으로. / **Director Popcorn:** 아! 여긴 뭔가 칙칙해! 분위기를 띄워야 하는데! 이발소 오픈한 지 얼마나 되셨죠?

| Bread | Uh, how long? A while, I guess. |
| Wilk | It's day three thousand seven hundred fifty two! |

| Director Popcorn | Dang! You need a celebration for a day so meaningful! Let's run a promotion for fifty percent off. For that day! Or... whatever! |

celebration 기념행사

....

Bread: 아, 얼마나? 내 생각엔 좀 됐어요. **Wilk:** 오늘로 정확히 3752일 됐어요! / **Director Popcorn:** 이런! 이렇게 의미 있는 날은 기념을 해야죠! 그날 기념으로, 50% 할인 이벤트를 진행하죠! 아니면… 그 비슷한 거라도 하죠!

Director Popcorn Audiences love a celebration.
Hey, you want that cash, no?

Narrator It's the three thousand, seven hundred and fifty
second day of business!
And just for you, fifty percent off all services!

audience 시청자

....

Director Popcorn: 시청자는 이런 기념행사를 좋아한다고요. 사장님, 돈 벌고 싶죠, 아니에요? /
Narrator: 이발소 오픈한 지 3752일 되는 날! 당신만을 위한, 전체 서비스 반값 할인 이벤트!

Bread   Yes, just for you, it's fifty percent off to celebrate.

Director
Popcorn   No no no! All wrong! We need more life from you!

Bread   But that's just how I am... how else would I sprinkle
it?

life 활기, 생기   sprinkle 뿌리다

Bread: 예, 고객님만을 위해서, 기념일을 축하하기 위해 반값으로 할인해 드립니다. / **Director Popcorn:**
아냐, 아냐! 이게 아냐! 느낌을 팍~팍 주란 말이에요! **Bread:** 그게 내 방식인데… 어떻게 뿌리라는 거요?

Director Popcorn Act cool, natural. BUT WITH EXCITEMENT! Understand? Easy.

Narrator Another day in the barber shop, where it's not just hair... it's art. With each new day comes new challenges, and Master Bread revitalizes his customers with wild techniques.

challenge 도전   revitalize 생기를 불어넣다

Director Popcorn: 쿨하고 자연스럽게. 하지만 흥이 넘치게! 알겠어요? 쉬워요. / **Narrator:** 이발소에 또 하루가 시작되고, 이곳은 단지 머리를 자르는 곳이 아니라… 예술을 하는 곳입니다. 새로운 날이 시작될 때마다 새로운 도전이 찾아옵니다. 마스터 브레드는 화려한 기술로 고객들에게 새로운 에너지를 불어넣습니다.

Narrator
Customers come not only for a new 'do, but to relish in the artistry and craftsmanship of this humble barber.

Director Popcorn
Cut! Nice work. Now we're getting somewhere.

영상 13

relish 즐기다   artistry 예술성   humble 겸손한
....

Narrator: 고객들은 단순히 머리를 다듬으러 오는 것뿐만 아니라, 이 겸손한 이발사의 예술성과 숙련된 기술을 즐기기 위해 찾아옵니다. / **Director Popcorn:** 컷! 아주 좋아. 이제 그림 좀 나오네.

Highlight

1 **Try to act normal.**
평소에 하던 대로 하세요.

2 **We need to spice things up!**
분위기를 띄워야 하는데!

3 **Let's run a promotion for fifty percent off.**
50% 할인 이벤트를 진행하죠!

4 **It's the three thousand, seven hundred and fifty second day of business!**
이발소 오픈한 지 3752일 되는 날입니다!

5 **Now we're getting somewhere.**
이제 그림 좀 나오네.

14

Butterfingers

버터의 슬픔

지나가는 빵들이 돌아볼 정도로 잘 생긴 배우 버터에게는 큰 고민이 있습니다. 손이 미끈거려서 만지는 것들 모두 손에서 미끄러져 버립니다. 미끌미끌한 손 때문에 배우의 커리어조차 위협받고 있는 상황이라서 버터의 우울감은 심해지고 이 문제를 해결하기 위해 해결사 마스터 브레드를 찾아갑니다. 과연 버터는 이 문제를 해결하고 다시 배우 생활을 잘할 수 있을까요?

Zoom in

I can't believe it doesn't slip at all!

전혀 미끄러지지 않는다는 게 믿기지 않아요!

· ·

버터의 치명적인 약점을 해결하기 위해 브레드는 최선을 다하고 마침내 버터의 손은 더 이상 미끈거리지 않게 됩니다. 뭔가를 잡고 있다가 미끄러질 때나 걷다가 빙판이나 미끄러운 것 위에서 넘어질 때도 slip이라는 표현을 쓸 수 있습니다. 추가로 여기서 at all은 not과 함께 '전혀 ~하지않는다'라는 의미로 쓰였습니다.

Bread

I thought that'd work.

Bread

Ah! Yes! Wilk, go fetch the honey jar from the third shelf.

Wilk

The... honey? If you say so!

fetch 가지고 오다 **jar** 병, 단지 **if you say so** 그렇게 말씀하신다면야

Bread: 해결된 줄 알았는데… / **Bread:** 아하! 그래! 윌크, 세 번째 선반 위에 있는 꿀단지 좀 갖고 와봐!
/ **Wilk:** 꾸… 꿀 단지요? 그렇게 말씀하신다면야!

Butter   Oh... Wow!

Wilk   Master! That's so cool!
         Plus he's got a nice tan now!

tan 태닝

....

Butter: 우와아! / **Wilk:** 사장님! 대단해요! 피부까지 태닝 한 것처럼 멋있기까지 해요!

Bread   Don't celebrate too soon... here.
Try to shake my hand.

Butter   Uh, of course...

Wilk   Please work. Oh... Look at that! Master Bread,
it really works!

---

celebrate 축하하다

....

Bread: 아직 축하하긴 일러… 자~. 악수를 해보게. **Butter:** 아…그렇죠? / **Wilk:** 제발… 붙었다! 브레드 사
장님, 붙었어요!

Butter

Oh my!
Could I really be grabbing your hand right now?
I can't believe it doesn't slip at all!

Bread

Well, It looks like we're done!

---

grab 잡다, 움켜쥐다   slip 미끄러지다

....

Butter: 대박! 저 지금 선생님 손을 진짜 잡고 있는 건가요? 전혀 미끄러지지 않는다는 게 믿기지 않아요!
Bread: 문제가 해결된 것 같군!

Bread
When you leave here today, you'll have a whole new lease on life, a whole new you.
And you should change your name.

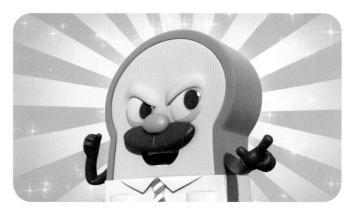

Bread
HONEY BUTTER! Your star is on the rise!

new lease on life 인생의 새로운 기회   someone's star is on the rise ~의 인기나 인지도가 빠르게 올라가다, 빠르게 인기를 얻다

Bread: 자네가 여기서 오늘 나가면, 완전히 새로운 삶의 기회, 완전히 새로운 자네를 만나게 될걸세. 그리고 이름을 바꾸는 게 좋겠네. / **Bread:** 허.니.버.터! 이제 자네의 인기는 금방 오를걸세!

Butter	Honey butter? That's amazingly cool! Thank you! Thank you so much!
Bread	How 'bout a group photo before you go and pay?
Butter	Ah, okay! Of course.

영상 14

Butter: 허니 버터? 정말 좋은 이름이에요! 감사합니다! 정말 감사합니다! **Bread:** 그럼 계산하고 가기 전에 기념으로 사진 한 장 찍을까? **Butter:** 아, 네! 물론이죠.

Highlight

1 **Wilk, go fetch the honey jar from the third shelf.**

윌크, 세 번째 선반 위에 있는 꿀단지 좀 갖고 와봐!

2 **If you say so!**

그렇게 말씀하시다면야!

3 **Don't celebrate too soon... here. Try to shake my hand.**

아직 축하하긴 일러… 자~. 악수를 해보게.

4 **Could I really be grabbing your hand right now?**

저 지금 선생님 손을 진짜 잡고 있는 건가요?

5 **Well, It looks like we're done!**

문제가 해결된 것 같군!

15

A home for Wilk
윌크의 이사

브레드이발소에서 고단한 하루를 마치고 집에 와서 침대에 누운 윌크. 갑자기 누군가 문을 두드리는 소리가 나서 열어 보니 집주인 할머니 빵이 갑자기 월세를 100만 원이나 올리겠다고 합니다. 10만 원도 아니고 100만 원이라고 하니 깜짝 놀란 윌크는 자신의 사정을 얘기하지만 할머니 빵은 안되면 다른 곳으로 이사를 하라고 합니다. 실의에 빠진 윌크는 초코의 조언으로 부동산 중개소에 가게 됩니다.

Zoom in

There's one on the market that's both cheap and good!

손님에게 알맞은 싸고 좋은 집이 딱 하나 있군요!

· ·

귀여운 윌크가 월세난에 시달리게 됩니다. '물 좋고 정자 좋은 데가 있으랴'라는 속담처럼 모든 것을 다 갖추고 가격까지 싼 집은 세상에 없습니다. 세상 물정을 전혀 모르는 순진한 윌크는 자기 마음에 드는 집만 얘기하고 있죠. 여기서 both cheap and good은 both A and B 'A이자 B인'으로 외워두시면 됩니다.

Realtor Hello, sir! Welcome to Half Baked Realty for all your moving needs!
Now how can I be of help to you?

Wilk I need a new home! Someplace cheap but with a barbecue and pool.

....

Realtor: 어서 오세요! 이사에 필요한 모든 것을 제공하는 <반쯤 구운 베이커리 부동산>입니다! 자, 무엇을 도와드릴까요? / **Wilk:** 새 집을 찾고 있어요! 가격은 싼데 바비큐장이랑 수영장이 있으면 좋겠어요.

Realtor   Hahaha, no. You're asking far too much.
You can only pick one. Cheap or good.

Wilk   Is that so? Aw...

---

far too much 너무 많이

....

Realtor: 하하하, 안돼요. 너무 많은 것을 바라시는군요. 하나만 고르세요. 집은 싸거나 좋거나 둘 중 하나죠. /
Wilk: 그래요? 하아…

Realtor However... I'm sure we can find something that works for your needs!
There's one on the market that's both cheap and good!

---

on the market (시장에) 나와 있는

Realtor: 하지만…손님이 원하시는 집을 찾아드릴 수 있다고 확신합니다! 손님에게 알맞은 싸고 좋은 집이 딱 하나 있군요!

Realtor

Tada, here it is, your home!

Wilk

Wow! … Huh? But… I thought you said that this place was good.

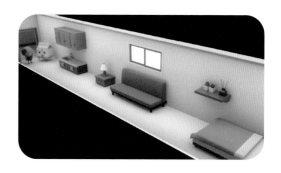

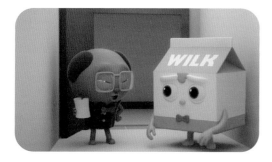

Realtor

That's true.

Realtor: 자, 바로 이 집입니다! / **Wilk:** 와아! … 어? 저기… 좋은 집이라고 하지 않으셨어요? /
Realtor: 그럼요.

Realtor The bathroom's a quarter mile from the bedroom. Great for exercise!

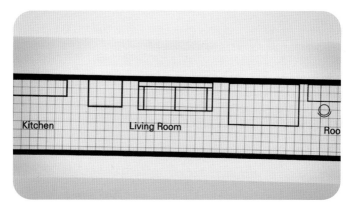

Realtor Exercise is good, so this house is definitely good.

---

a quarter mile 1/4마일, 약 400m   definitely 확실히

··

Realtor: 화장실이 침실에서 400m 정도 떨어져 있죠. 운동하기 좋지요! / **Realtor:** 운동은 좋은 거니까 이 집은 확실히 좋은 집이죠.

Wilk   I don't know. You and I might have different definitions of the word good.

Wilk   **This one just won't work. Do you have anything else?**

영상 15

definition 의미, 정의

....

Wilk: 잘 모르겠네요. 중개인님과 저의 '좋은'은 차이가 있는 것 같아요. / **Wilk:** 이 집은 딱 봐도 안 되겠네요. 다른 집을 보여주실 수 있을지요?

Highlight

1 **Now how can I be of help to you?**

자, 무엇을 도와드릴까요?

2 **You're asking far too much.**

너무 많은 것을 바라시는군요.

3 **I'm sure we can find something that works for your needs!**

손님이 원하시는 집을 찾아드릴 수 있다고 확신합니다!

4 **I thought you said that this place was good.**

좋은 집이라고 하지 않으셨어요?

5 **You and I might have different definitions of the word good.**

중개인님과 저의 '좋은'은 차이가 있는 것 같아요.

Every Sausage has his day!

소시지도 좋은 날이 옵니다!

또다시 시작된 브레드이발소의 하루! 소시지는 배가 고파서 브레드와 윌크에게 사료를 달라고 애원하지만 눈코 뜰 새 없이 바쁜 브레드와 윌크는 소시지를 신경 쓸 새가 없습니다. 결국 초코가 소시지를 챙기고 산책까지 시키게 됩니다. 소시지 관리를 대수롭게 생각하지 않는 브레드와 윌크가 맘에 들지 않는 초코. 갑자기 눈을 반짝이며 뭔가를 계획합니다!

Zoom in

Sausage deserves better food than this.
소시지는 이딴 음식보다 좋은 것을 먹어야 해.

· ·

살다 보면 '난 이보다 나은 대우를 받아야 하는데', '너한테 그 사람이 이런 대우를 하면 안되는데'와 같은 말을 많이 듣습니다. 갑자기 찾아온 찐빵 도사의 말 한마디에 욕심쟁이 브레드와 윌크는 앞다투어 소시지에게 잘 해주는데 너무 속이 보입니다. deserve는 '~한 대우를 받다, 받을 자격이 있다'라는 의미로 쓰이며 그냥 쓰이기도 하지만 뒤에 명사가 오기도 합니다.

Master Steamed Bun   I... I see something else now. Something incredible! It's the future of this dog. And who owns him...

Wilk   What about him?

Master Steamed Bun   The one who cares for this dog will live in the tower palace!

Bread   Tower Palace?

---

incredible 믿을 수 없는, 믿기 힘든

....

Master Steamed Bun: 다른 게 보인다, 보여! 엄청난 것이 보인다! 이 강아지의 미래가 보입니다. 이 강아지의 주인은⋯ **Wilk:** 주인이 왜요? / **Master Steamed Bun:** 이 강아지를 돌봐주는 주인은 타워팰리스에 살 것입니다! **Bread:** 타워팰리스?

Master
Steamed
Bun

None other than the royal house!
A garage of a thousand cars!
Steak and lobsters every night!
Limitless riches are awaiting you!

Wilk

Sausage's owner?

Bread

Could it be true?

---

limitless 한계가 없는

Master Steamed Bun | I see it all. None are lies.

Choco | Come, boy. Dinner time.

Master Steamed Bun: 제 눈에는 다 보입니다. 제가 한 말은 모두 거짓이 아닙니다. / **Choco:** 얘, 이리와, 저녁 먹자.

137

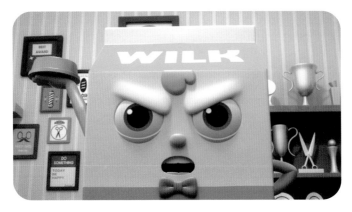

Wilk   No way! He can't eat that! Sausage deserves better food than this.

Choco   He's always had this.

Wilk   Hmph! Sausage deserves the highest quality stuff. Delicious beef jerky!
Come here, little friend! I think they're organic, too!

---

deserve ~할 자격이 있는   organic 유기농의
....
Wilk: 이게 뭐 하는 짓이야! 그런 것을 먹을 수 없지! 소시지는 이딴 음식보다 좋은 것을 먹어야 해. **Choco:** 얘는 항상 이것만 먹었는데. / **Wilk:** 흥! 소시지한테는 최상급 음식이 어울린다고. 맛있는 육포 같은! 이리 와 내 친구 소시지야! 이 육포는 유기농인 것 같아!

Wilk   Uh, Sausage, where are you going?

Bread   Oh, you're here, friend! I've made a perfect ribeye steak just for you, buddy.

Wilk: 어, 소시지야, 어디 가? / **Bread:** 소시지 친구가 왔구나! 널 위해 최상급 꽃등심 스테이크를 준비했단 다.

Wilk   But wait! Sausage was about to eat the food that
I got for him.

Bread   He doesn't want that junk! Jerky would upset his
stomach!
Go on, eat! It's all just for you.

영상 16

be about to ~하려고 하는   **upset** 배탈 나게 하다, 뒤흔들다

Wilk: 저기요, 사장님! 소시지는 제가 준비한 음식을 먹으려고 하던 참이었다고요. / **Bread:** 소시지는 그런 쓰레기 안 먹어! 육포 먹으면 소시지가 속 버릴 거야! 옳지! 먹어 봐! 너만을 위해서 준비했단다.

Highlight

1 **The one who cares for this dog will live in the tower palace!**

이 강아지를 봐주는 주인은 타워팰리스에 살 것입니다!

2 **None other than the royal house!**

고급 주택만 보입니다!

3 **Limitless riches are awaiting you!**

끝없는 부가 당신을 기다리고 있습니다!

4 **Sausage was about to eat the food that I got for him.**

소시지는 제가 준비한 음식을 먹으려고 하던 참이었다고요!

5 **Jerky would upset his stomach!**

육포 먹으면 소시지가 속 버릴 거야!

17

Tea Master

홍차의 달인

녹차와 홍차를 구분하지 못하는 윌크는 어느 날 브레드에게 녹차를 가져다주고, 홍차를 좋아하는 브레드는 깜짝 놀라서 윌크를 나무랍니다. 윌크는 실의에 빠져 차의 장인이 되기로 결심하고 이발소도 때려치우고 차의 고수인 찐빵 장인을 찾아가게 됩니다. 각고의 노력 끝에 모든 과정을 마치고 찐빵 도사의 특별 녹차 세트까지 사서 이발소로 돌아온 윌크. 갈고닦은 실력으로 브레드에게 최고의 차를 선보이려고 합니다.

Zoom in

It brings me back to my days in the English countryside!

영국 시골에서 지내던 시절이 떠오르는구나!

· ·

피나는 수련 끝에 돌아온 윌크는 찐빵 도사한테 거금을 주고 산 홍차가 유통기간이 30년이나 되어 아무 쓸모가 없다는 것을 알고 오열하게 되고, 윌크의 눈물, 콧물이 만들던 홍차에 섞이게 됩니다. 윌크의 슬픔과 선한 의지가 하늘에 닿았는지 브레드는 이 차에서 천상의 향기를 맡게 됩니다. bring someone back to 표현은 '~를 ~로 다시 되돌려 준다'라는 의미입니다. 여기선 '브레드를 영국 시골에서 보낸 날들로 되돌려보내준다'라는 의미이며 그때의 기억을 나게 해준다는 의미로 봐도 됩니다.

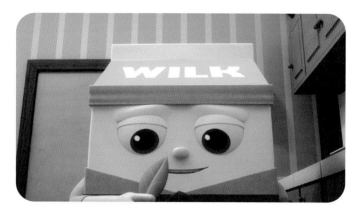

Wilk   Good quality. Surely the Steam Bun family legacy will bless this tea.
Ah! Such a lovely shade! It's the color of years of love and respect for the art of tea!

Wilk   I should give it a sip before giving it to Master Bread.

---

legacy 유산   a sip 한 모금

Wilk: 좋은 품질이야. 찐빵 가문의 깊은 역사가 이 차를 축복하고 있어. 하아! 이 색깔 좀 봐! 오랫동안 예술로서의 차에 대한 사랑과 존경이 드러나는 색이야! / **Wilk:** 브레드 사장님께 드리기 전에 먼저 한 입 마셔 봐야겠어.

Wilk Ptoo! Ptoo! That's so gross! Why is it so bitter? It expired thirty years ago? I can't believe that stupid bun!

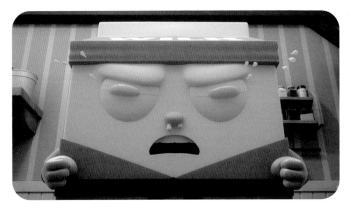

Wilk I spent all my money on this stupid set!

Ptoo! 퉤!(침 뱉는 소리) bitter 쓴

Wilk: 퉤! 퉤! 너무 역겨워! 왜 이렇게 쓰지? 유통기한이 30년이나 지났잖아? 그 멍청한 찐빵을 믿을 수가 없네! / **Wilk:** 이 바보 같은 차 세트에 내 돈을 다 써버렸어!

Wilk   **This tastes like garbage!**

Bread   **What's this? That magical smell?**

Wilk   **Master Bread, wait, no!**

garbage 쓰레기

....

Wilk: 이건 형편없는 맛이잖아! / **Bread:** 이게 뭐지? 이게 그 마법 같은 향기가 여기서 나는 거야? **Wilk:** 사
장님, 기다려요, 안 돼요!

Bread
This tea... So good!
It brings me back to my days in the English countryside!

bring someone back to ~를 …로 데려가다

Bread: 이 차는… 너무 향이 좋구나! 영국 시골에서 지내던 시절이 떠오르는구나!

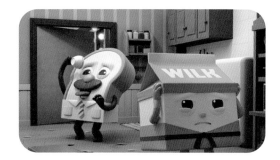

Wilk

I'm done for! I'm done for! I'm gonna lose my job, I know it!

Bread

Wilk! This tea is phenomenal! I've never tasted anything quite so good!

Wilk

Wait... really?

be done for ~는 끝났어 phenomenal 경이적인, 끝내주는

Wilk: 난 망했어! 망했다고! 사장님은 날 내쫓을 거야, 확실해! / **Bread:** 윌크! 이 차는 정말 대단한 맛이야! 이렇게 좋은 차는 마셔본 적이 없어! / **Wilk:** 잠깐만요… 진짜예요?

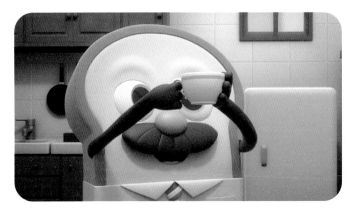

Bread   You know it! It's Royal Milk Tea!
No... more like royal Wilk Tea.

Bread   Wilk! Go make me some tea, tea master!

Wilk   Yes sir! Ptoo! Ptoo!

영상 17

Bread: 너도 알잖아! 이건 로열 밀크티야! 아니지… 로열 윌크티가 어울리겠어. / **Bread:** 윌크! 여기 차 한 잔 부탁해, 차의 장인님! **Wilk:** 넵! 사장님! 퉤퉤!

Highlight

1 I should give it a sip before giving it to Master Bread.

사장님께 드리기 전에 먼저 한 입 마셔 봐야겠어.

2 That's so gross!

너무 역겨워!

3 I spent all my money on this stupid set!

이 바보 같은 차 세트에 내 돈을 다 써버렸어!

4 This tea is phenomenal!

이 차는 정말 대단한 맛이야!

5 I've never tasted anything quite so good!

이렇게 좋은 차는 마셔본 적이 없어!

18

Soboro Ppang's Crush

곰보빵의 사랑

길을 걷다가 거리에서 갑자기 도둑과 부딪쳐 넘어진 곰보빵. 끈질기게 도둑을 잡고 늘어져 결국 도둑은 훔친 가방을 포기하고 도망칩니다. 가방 주인이 와서 고맙다고 인사를 하고 곰보빵은 고개를 들어 가방 주인 쿠키를 본 순간 사랑에 빠지게 됩니다. 다시 만나자는 쿠키의 말에 설레지만 피부 콤플렉스로 고민을 하는 곰보빵. 친구들의 추천으로 브레드이발소에 가게 되고, 브레드는 곰보빵의 울퉁불퉁한 피부를 멋지게 꾸며줍니다. 하지만 이 스타일링에는 제한 시간이 있어서 시간이 지나면 다시 예전 피부로 돌아간다는 당부를 합니다. 곰보빵은 이제 쿠키를 만나러 가는데…

Zoom in

But the best kind of man is a kind hearted one. Like you, Mr. Soboro.

그런데요, 가장 좋은 사람은 마음이 따뜻한 사람이에요. 곰보빵 씨처럼.

. . . .

쿠키의 마음에 들기 위해 브레드이발소를 찾아가 완전히 다른 빵이 된 곰보빵. 그러나 선한 그의 천성 때문에 쿠키를 만나러 가는 길에 착한 오지랖이 발동하고, 결국 쿠키와의 시간 약속에 늦고 맙니다. 하지만 곰보빵의 선함을 알아본 쿠키는 늦은 곰보빵에게 위 대사처럼 말을 합니다. 이 문장에는 kind가 두 번 쓰였는데 첫 번째는 '종류'의 의미이고 두 번째는 '친절한'의 의미입니다.

Soboro   **Not late!**

Grandma Bun   **If these don't sell I won't be able to buy gifts for my grandkids!**

Soboro   **Let me help you, please. I'll push from behind!**

---

from behind 뒤에서 밀다

....

Soboro: 늦지 않았어! / **Grandma Bun:** 이걸 팔아야 우리 손주들 선물을 살 텐데! **Soboro:** 제가 도와드릴게요! 제가 뒤에서 밀어드릴게요!

Grandma Bun

It's quite heavy. Are you certain?

Soboro

Yes, of course! We can get it past this hill together!

Soboro

Holy crust! I'm a whole hour late now!

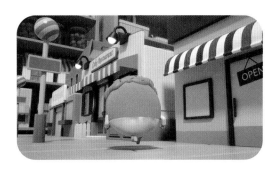

Soboro

Oh man. My old face. How can I meet Cookie with all this crust?

get something past ~를 지나 넘어가다

Grandma Bun: 무거울 텐데. 괜찮겠어? **Soboro:** 네, 괜찮아요! 같이 이 언덕을 넘어가요 할머니! /
Soboro: 맙소사, 한 시간을 늦었네! / **Soboro:** 허억! 내 노안. 이 피부로 어떻게 쿠키 씨를 만난담?

Cookie   Is that you? What took you so long?
I was about to leave since you stood me up.

Soboro   I know... I just wanted to look handsome.
I tried to be here on time.

Cookie   You know, a proper man shows up on time.
And doesn't look disheveled.

be about to ~하려고 하다   **stand someone up** ~를 바람 맞히다   **show up** 나타나다
disheveled 흐트러진, 헝클어진

Cookie: 곰보빵 씨? 왜 이렇게 늦으신 거예요? 너무 안 오셔서 집에 가려고 했어요. / **Soboro:** 알아요… 멋있게 하고 오고 싶었어요. 시간에 맞춰 오려고 했어요. / **Cookie:** 제대로 된 남자는 제시간에 오죠. 그리고 흐트러진 모습도 보이지 않죠.

Cookie　　But the best kind of man is a kind hearted one.
Like you, Mr. Soboro. Yep! Just like you.

....

Cookie: 그런데요, 가장 좋은 사람은 마음이 따뜻한 사람이에요. 곰보빵 씨처럼! 네, 당신처럼요.

Cookie You only look disheveled because you helped that little boy get his balloon back.

Cookie And you were late because you helped that old woman with her heavy cart.

Soboro You saw that?

....

Cookie: 옷이 엉망이 된 건 꼬마한테 풍선을 되찾아 주다가 그런 거죠. / **Cookie:** 늦게 도착한 건 할머니 빵의 무거운 수레 옮기는 것을 도와줘서 그런 거고요. **Soboro:** 다 봤어요?

Cookie   That's right. You did so many good deeds today, Mr. Soboro. Know what I think? I think we should meet up... more. What do you think, Soboro? Wanna date me? No?

Soboro   Yes, I do! That sounds awesome!

Cookie   Good! I'm gonna stick right by you.

영상 18

deed 행위(행동)   stick by someone ~에게 붙어있다. 옆에 있다

Cookie: 맞아요. 곰보빵 씨는 오늘 착한 일을 참 많이 하셨어요. 제가 무슨 생각이게요? 우리… 더 자주 만나야 할 것 같아요. 곰보빵 씨, 어때요? 저랑 데이트 하실래요? 싫어요? / Soboro 좋아요! 너무 좋아요!
Cookie: 좋아요! 당신 곁에 있을게요.

Highlight

1 **I'll push from behind!**
제가 뒤에서 밀어드릴게요!

2 **I'm a whole hour late now!**
한 시간을 늦었네!

3 **What took you so long?**
왜 이렇게 늦으신 거예요?

4 **I was about to leave since you stood me up.**
너무 안 오셔서 집에 가려고 했어요.

5 **That sounds awesome!**
너무 좋아요!

The Magic Scissors

마법의 가위

정리하는 데 몇 년이 걸릴 것 같은 브레드이발소 지하 창고를 윌크가 정리하고 있습니다. 열심히 짐을 옮기고 있던 중에 윌크는 보물 상자처럼 생긴 상자를 우연히 발견하게 됩니다. 무언가 엄청난 비밀이 숨어있는 것 같은 이 상자에는 더더욱 의심스러운 글자까지 쓰여있습니다. 과연 이 상자에는 무엇이 들어 있을까요?

Zoom in

How come this guy hasn't styled hair before?

왜 전엔 이 분이 이발을 안 하셨지?

브레드이발소에 처음 들어올 때부터 윌크의 꿈은 브레드 같은 멋진 이발사가 되는 것이었습니다! 투탕카라멜의 가위를 손에 쥐니 마법처럼 이발 실력이 생기고 이를 본 손님들은 찬사를 아끼지 않으며 왜 윌크를 칭찬합니다. How come은 '어째서, 도대체 왜?'의 뜻으로 의문사 why와 같은 의미지만 느낌이 강하니 쓰는데 유의하셔야 합니다.

Wilk   What's this?

Within this box
lies
the spirit of
King Tutan-Caramel.

Narrator   Within this box lies the spirit of
King Tutan-Caramel.

within ~안에

Wilk: 이게 뭐지? / **Narrator:** 이 안에 투탕카라멜의 영혼이 잠들다.

Wilk   Tutan-who? I've never heard of him. Huh... what are these?
It's just really old scissors! I hoped it'd be treasure or something like that.

Bread   Wilk! Get up here!

Wilk   Yeah! On my way!

Wilk: 투탕… 뭐? 들어본 적이 없는데. 흠… 이것들은 뭐지? 그냥 엄청 오래된 가위잖아! 뭔가 보물 같은 대단한 거라도 있는 줄 알았네. / **Bread:** 윌크! 빨리 올라와! **Wilk:** 네! 지금 가요!

Bread   Wilk, come help me decorate his hair.

Wilk   Me... help you?

Bread   Nothing tricky. Just cut up a strawberry and put it on the customer's head after.
You have scissors already!

---

tricky 어려운, 까다로운

....

Bread: 윌크, 와서 여기 남자 손님 머리 꾸미는 것 좀 도와줘. **Wilk:** 제가… 도와요? / **Bread:** 어려울 거 없어. 그냥 딸기를 자른 다음 손님 머리 위에 얹기만 하면 돼. 이미 가위도 들고 있잖아!

Wilk   What if I mess up?
        Calm down, you got this. You can do it!

Wilk   What in the world?

What if 만약 ~한다면?

Wilk: 망치면 어떡하지? 침착하자, 가위가 있잖아. 넌 할 수 있어! / **Wilk:** 이게 뭐야?

Customer 1   Wow! It's perfect! It's just what I wanted. What amazing style!
You're so good! How did you do that all so fast?

Customer 2   I actually want that guy to do my hair.

Bread   I assure you, I'm the top barber at this shop. You're in good hands here.

Customer 2   I don't care! I want that guy to do it for me instead.

---

assure 확신하다, 확실히 말하다   **be in good hands** ~에 대해 안심하다, 믿을 수 있다

....

Customer 1: 오! 바로 이거예요! 제가 딱 원하던 스타일이에요. 정말 대단하세요! 실력이 정말 좋으시네요!
어떻게 그렇게 빨리하셨나요? / **Customer 2:** 저도 실은 저분께 이발 받고 싶은데요. **Bread:** 제가 이 가게
에서 최고의 이발사란 것을 믿으셔도 됩니다. 안심하십시오. **Customer 2:** 관심 없어요! 당신 말고 저분께 이
발 받겠다구요.

Customer 3 **Me too, I want that guy too!**

Customer 4 **How come this guy hasn't styled hair before?**

Bread **This Tutan-Caramel thing might be real after all.**

영상 19

....

Customer 3: 저도요, 저분한테 이발 받을게요! **Customer 4:** 왜 전엔 이 분이 이발을 안 하셨지? /
Bread: 투탕카라멜 어쩌고가 결국 진짜일지도 몰라.

Highlight

❶ I've never heard of him.

들어본 적이 없는데.

❷ Nothing tricky.

어려울 거 없어.

❸ What if I mess up?

망치면 어떡하지?

❹ How did you do all that so fast?

어떻게 그렇게 빨리하셨나요?

❺ This Tutan-Caramel thing might be real after all.

투탕카라멜 어쩌고가 결국 진짜일지도 몰라.

My love, Choco
내 사랑, 초코

유제품 학원 동기인 윌크를 따라 브레드이발소에 방문한 우유식빵. 초코한테 첫눈에 반하게 되고 윌크에게 소개시켜 달라고 하지만 초코는 자기 타입이 아니라며 매몰차게 거절합니다. 초코가 더 근육질에 남성적인 스타일을 원하는 것 같다는 윌크의 말에 우유식빵은 운동과 태닝을 한 후 다시 초코를 만나러 갑니다. 과연 초코는 우유식빵의 마음을 받아줄까요?

Zoom in

Oh. That... doesn't really matter to me.

아. 그건… 별로 상관없어요.

· ·

마음에 들기 위해 모든 것을 희생한 우유식빵에게 날리는 초코의 싸늘한 한 마디. 그 고생을 해서 근육을 키우고 멋지게 보이려고 노력했건만 별로 상관이 없다니 우유식빵에게는 힘 빠지는 소리가 아닐 수 없습니다. Does it matter?는 '문제가 있나요?'의 뜻으로 이 문장에서는 부정으로 쓰였습니다.

Milk Toast

Miss Choco!

Choco

Huh?

Milk Toast

Hey. What's new? It's me. Milk Toast has a whole new look now. You like it?

Choco

Oh yeah. How're you?

a whole new 완전히 새로운

. . . .

Milk Toast: 초코 씨! **Choco:** 네? / **Milk Toast:** 안녕하세요, 별일 없었죠? 접니다, 우유식빵. 제가 지금 예전과 많이 달라졌습니다. 마음에 드세요? / **Choco:** 아, 네. 안녕하세요?

Milk Toast I... I, uh... here!

Choco Hmm? Flowers?

Milk Toast Please. From the moment I saw you, you have won my heart.

---

from the moment ~한 순간부터   **win someone's heart** ~의 마음을 뺏어가다

....

Milk Toast: 그… 그러니까… 이거! **Choco:** 응? 꽃다발? / **Milk Toast:** 받아주세요. 처음 본 순간부터 제 마음을 사로잡으셨어요.

Choco   Nah. Sorry, guy. I'm not interested in you.

Milk Toast   But why? Just look!
I worked so hard to get all these gains for you,
and burnt to a crisp for you!

---

gains 증가, 개선(여기서는 근육의 증가)

Choco: 아니에요, 미안한데, 저는 당신한테 관심이 없어요. / **Milk Toast:** 왜죠? 보세요! 초코 씨에게 잘 보이려고 근육도 키우고, 피부도 바삭하게 태웠다고요!

Choco   Oh. That... doesn't really matter to me.

Milk Toast   Then why? What have I done?

Choco   It's... you just look too much like my boss, that's all.

....

Choco: 아. 그건… 별로 상관없어요. / **Milk Toast:** 그럼 대체 이유가 뭔가요? 제가 잘못한 게 있나요?
Choco: 실은… 당신은 저희 사장님이랑 너무 닮았어요. 그게 다예요.

Milk Toast   Wh- you- but I don't... I don't think I do! What part of me looks anything like that crusty old bread, huh? We're different, look! I'm like twenty shades darker!

Choco   See ya later.

Milk Toast   Ch-choco...

Choco   That's like going on a date with Master Bread. Ugh. So gross.

---

gross 징그러운, 소름 끼치는

Milk Toast: 무… 무슨 소리… 저는 사장님하고 닮지 않았어요! 제가 어딜 봐서 그런 딱딱한 피부의 늙은 아저씨랑 닮았다는 거예요? 완전히 다르게 생겼잖아요, 자세히 보세요! 제가 20배는 더 어두운색이에요! / **Choco:** 그럼 전 이만. **Milk Toast:** 초… 초코 씨! **Choco:** 브레드 사장님이랑 데이트하는 것 같잖아. 어우~ 소름 끼쳐.

171

Bread

Hey. What happened? Why are you so sad?
Did your request to Choco not go as planned?
Cheer up, pal. There's plenty of cakes on the shelf.
It's a big bakery out there!

영상 20

plenty of cakes 우유식빵의 짝이 될 사람(cakes)은 많다는 뜻

Bread: 이봐. 무슨 일이야? 왜 이리 슬퍼하고 있어? 기운 내. 초코한테 고백한 게 계획대로 잘 안됐어? 세상에는 수많은 케이크들이 선반에 있다고. 빵 세계는 넓어!

Highlight

1 **Milk Toast has a whole new look now. You like it?**

제가 지금 예전과 많이 달라졌습니다. 마음에 드세요?

2 **Please. From the moment I saw you, you have won my heart.**

받아주세요. 처음 본 순간부터 제 마음을 사로잡으셨어요.

3 **Oh. That... doesn't really matter to me.**

아. 그건… 별로 상관없어요.

4 **It's... you just look too much like my boss, that's all.**

실은… 당신은 저희 사장님이랑 너무 닮았어요. 그게 다예요.

5 **That's like going on a date with Master Bread. Ugh. So gross.**

브레드 사장님이랑 데이트하는 것 같잖아. 어우~ 소름끼쳐.

21

Chip's Plot
감자칩의 음모

브레드이발소에서 조수로 일하고 있는 윌크는 칭찬받기가 힘듭니다. 실수투성이에 시키는 것도 제대로 못해서 브레드에게 혼나는 게 일상입니다. 그러던 어느 날 브레드는 손님들 앞에서 윌크를 혼내다가 눈치가 보여서 마지못해 칭찬을 하게 됩니다. 이 순간 지나가던 감자칩이 이것만 보고 까다로운 브레드가 칭찬을 할 정도면 윌크의 실력은 뛰어날 것이라고 확신하게 됩니다. 감자칩은 직접 윌크를 찾아가서 스카우트 제의를 하는데…

Zoom in

I wouldn't trade anything for my job at Bread's barber shop.
전 세상 어떤 것을 줘도 브레드이발소와 바꾸지 않을 거예요.

· ·

월급의 두 배를 준다는 말에 급격하게 흔들렸지만, 브레드이발소에서 일하는 것을 누구보다 자랑스러워하는 윌크가 감자칩에게 하는 말입니다. trade는 '~를 맞바꾸다'라는 뜻인데 감자칩이 무엇을 주든 간에 브레드이발소가 제일 좋다는 의미로 하는 말입니다.

Potato Chip	Hey Wilk.
Wilk	Oh. Potato Chip, right?
Potato Chip	Yep! Whaddya say we have a chat?

| Wilk | What for? |
| Potato Chip | Wilk, what do you think about coming to work for me? |

Whaddya What do you의 줄임말

....

Potato Chip: 여어 윌크~! **Wilk:** 어라? 감자칩 사장님 맞죠? **Potato Chip:** 그래! 자네랑 얘기 좀 할 수 있을까? / **Wilk:** 무슨 얘기요? **Potato Chip:** 윌크, 우리 가게에 와서 일해 볼 생각 없나?

Wilk

Go work at your shop?! No no!

Potato Chip

Just think it over. Here's my card.

Potato Chip

I'll pay you double whatever you're making at Bread's place.

Wilk

D... double?

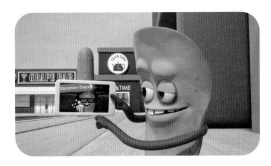

Potato Chip

On top of that, we have cool stuff, like stock options and vacation days and the likes.

Wilk

Sorry, but no!

---

think over ~를 고민하다, 생각하다 **pay someone double** ~에게 두 배를 주다 **on top of that** 게다가

Wilk: 사장님 가게에 가서 일하라고요? 안 돼요! **Potato Chip:** 한 번 잘 생각해 봐! 여기 내 명함. / **Potato Chip:** 우리 가게에 오면 지금 월급의 두 배를 줄게. **Wilk:** 두… 두 배? / **Potato Chip:** 거기에다가 스톡옵션, 휴가 같은 멋진 혜택도 주어져. **Wilk:** 죄송해요, 그런데 싫어요!

Wilk I wouldn't trade anything for my job at Bread's barber shop.
Plus, I don't even know what stock options are.
See ya!

Wilk: 전 세상 어떤 것을 줘도 브레드이발소에서의 일과 바꾸지 않을 거예요. 게다가 스톡옵션이 뭔지도 모르거든요. 또 뵙겠습니다!

Potato Chip Well! Loyal on top of being a good worker.
Now I really GOTTA make him work for me!

Landlady There you are!
Move out by the end of the week if you can't pay
up!

loyal 의리가 있는, 충성심이 있는   move out 이사 나가다   landlady 주인아주머니

....

Potato Chip: 훌륭한 직원에다가 의리도 대단하군. 이제 진짜 내 직원으로 만들어야겠어! / **Landlady:** 거기 있었네! 월세 다 못 내면 이번 주말까지 방 빼!

Wilk　　Hello, it's Wilk. Huh? Our mom needs surgery soon? Yeah, okay, I'll send money over there! ...Huh?

Wilk　　I haven't paid the water bill! Or gas! Or electricity!

---

send over 보내주다　water bill 수도요금 청구서　electricity 전기

Wilk: 여보세요, 윌크입니다. 뭐? 엄마가 곧 수술을 받아야 한다고? 알았어, 내가 수술비 보내줄게! 어? /
Wilk: 수도요금을 안 냈잖아? 가스비도! 전기 요금도!

Wilk Aaaaaah! I need money!

Wilk Hi, Mr. Chip? Yes, it's me.

영상 21

....

Wilk: 아~! 돈이 필요해! / **Wilk:** 여보세요, 감자칩 사장님이시죠? 월크입니다.

Highlight

1 **Wilk, what do you think about coming to work for me?**

윌크, 우리 가게에 와서 일해 볼 생각 없나?

2 **I'll pay you double whatever you're making at Bread's place.**

우리 가게에 오면 지금 월급의 두 배를 줄게.

3 **On top of that, we have... cool stuff, like stock options and vacation days and the likes.**

거기에다가 스톡옵션, 휴가 같은 멋진 혜택도 주어져.

4 **Well! Loyal on top of being a good worker.**

훌륭한 직원에다가 의리도 대단하군.

5 **Move out by the end of the week if you can't pay up!**

월세 다 못 내면 이번 주 말까지 방 빼!

22

Dishelin Stars

디슐랭 별점

한가롭게 거리를 거닐던 윌크는 집기를 빼고 있는 미용실을 보게 되고 디슐랭에서 낮은 점수를 받아 그렇게 됐다는 것을 알게 됩니다. 윌크는 급히 브레드에게 이 사실을 알리고, 브레드이발소 직원들은 디슐랭 비평가가 주로 수요일 오후에 가게를 불시에 방문한다는 것을 알게 됩니다. 마침 수요일 오후라서 브레드이발소 직원들은 모두 긴장하게 되고, 디슐랭 비평가가 브레드이발소로 다가옵니다.

Art cannot be defined by speed.

예술은 시간으로 정의하는 것이 아니오.

• •

디슐랭 최고의 비평가가 브레드이발소에 오지만 브레드는 다른 사람으로 오해를 하게 되고 최고의 서비스를 '해주는 척' 합니다. 비평가가 시간이 너무 오래 걸려서 한마디를 하니, 브레드는 결연하게 이 말을 합니다. 동사 define은 '~을 정의하다, 구체적으로 설명하다'라는 뜻으로 여기서는 by와 함께 수동으로 쓰였습니다.

Critic
Muffin

So this is the Bread Barber?
Let's just hope it lives up to all the good things I've heard. Now's a good time as any.

Beggar

Excuse me.

live up to ~(기대)에 부응하다   critic 비평가

Critic Muffin: 여기가 브레드 이발사가 있는 곳이군. 들은 것만큼 실력이 좋길 기대해 봐야겠군. 지금이 딱
좋은 때군. / **Beggar:** 실례합니다.

Wilk   Master Bread, you okay? You seem to be twitchy.

Bread   I'm fine! Only a fool would be nervous today.

Beggar   Uh... hey... excuse me.

Bread   Could this be Dishelin?

twitchy 긴장한, 불안해하는

Wilk: 사장님, 괜찮으세요? 긴장하신 것 같은데요. Bread: 긴장은 무슨! 오늘 같은 날엔 바보들이나 긴장하는 거지. / Beggar: 저… 저기… 실례합니다. Bread: 혹시 저 빵이 디슐랭에서 나온 건가?

Bread   Of course he'd come in disguise. Very clever. Only something the top critic would pull off. Fine. Let the games begin!

Bread   Won't you please sit down? Wilk, do serve our customer a cold drink, won't you?

Wilk   Yep! Coming right up.

---

in disguise 변장을 한   **pull of** ~을 해내다

Bread: 과연 분장을 하고 왔군. 아주 똑똑해. 최고의 비평가만 할 수 있는 일이야. 좋아. 게임을 시작해 보지! / **Bread:** 여기 앉으시죠~? 윌크, 손님께 시원한 음료 좀 가져다주게, 그러지 않겠나? **Wilk:** 넵! 잠시만 기다려 주세요!

| Critic Muffin | I'm here for a haircut. Is Master Bread in? |
| Choco | Shhh! |

| Choco | He's working on someone important. Have a seat and he'll be with you. |
| Critic Muffin | Hmph... okay. |

Critic Muffin: 이발을 좀 하러 왔습니다. 브레드 씨 계신가요? **Choco:** 쉿! / **Choco:** 지금 중요한 손님 이발 중이세요. 앉아서 기다리시면 해드릴게요. **Critic Muffin:** 그… 그러죠.

Bread   Well! Let's see what we're working with toda—
This is appalling! What on earth am I supposed to
do with this horrifying mess?
Truly a test to prove my worth.

**Critic
Muffin**   Master Bread. Aren't you wasting a lot of time
doing all that bit by bit?

---

appalling 끔찍한, 형편없는   prove someone's worth ~의 가치를 증명하다   bit by bit 하나씩, 서서히

· ·

Bread: 자! 그럼 이제 한 번 시작해… 끔찍하구먼! 이 난장판을 어떻게 헤쳐나가야 하지? 내 가치를 증명하기
위한 시험이 틀림없어. / **Critic Muffin:** 브레드 씨! 그렇게 하나씩 하면 시간이 너무 오래 걸리지 않을까요?

Bread   Art cannot be defined by speed. And if I go quickly, it might be uncomfortable.

Critic
Muffin   Such care he gives...

영상 22

define 정의하다

. . . .

Bread: 예술은 시간으로 정의하는 것이 아니오. 내가 빨리하게 되면 손님이 불편해하실 것이오. / **Critic Muffin:** 그렇게 세심하게 손님을…

Highlight

1 **Let's just hope it lives up to all the good things I've heard.**
들은 것만큼 실력이 좋길 기대해 봐야겠군.

2 **Only a fool would be nervous today.**
오늘 같은 날엔 바보들이나 긴장하는 거지.

3 **What on earth am I supposed to do with this horrifying mess?**
이 난장판을 어떻게 헤쳐나가야 하지?

4 **Aren't you wasting a lot of time doing all that bit by bit?**
그렇게 하나씩 하면 시간이 너무 오래 걸리지 않을까요?

5 **Art cannot be defined by speed.**
예술은 시간으로 정의하는 것이 아니오.

The Dark Wilk Rises
다크 윌크

평소처럼 집에서 TV를 보던 윌크는 갑자기 오한을 느끼며 몸 져 눕게 됩니다. 다음 날 브레드이발소의 하루가 또 시작되는데 윌크가 갑자기 문을 박차고 들어와 귀신 들린 모습으로 브레드를 괴롭힙니다. 마침 가게에 있던 사제, 스님, 무당 손님은 윌크에게 악령이 씌었다며 퇴마의식을 시작합니다. 윌크가 너무 강력한 것에 씌어 셋이 힘을 합쳐서 퇴마를 하는데, 과연 손님들은 윌크에게 씐 악령을 쫓아낼 수 있을까요?

Zoom in

Do you live under a rock or something?
세상과 담을 쌓고 사시나요?

. . . .

윌크의 이상한 행동에 더 이상한 행동을 하는 손님들과 브레드에게 날리는 초코의 한 마디! 직역하면 바위(rock) 밑(under) 같은 데서 사냐인데 세상과 담을 쌓고 사냐는 의미입니다. 시니컬한 초코와 어울리는 대사입니다.

Choco   I'm back, guys. Ew, it's bright in here.

Choco   Master Bread, what on earth is going on in here?
        Why are there elderly customers on the floor?

---

elderly 어르신들

....

Choco: 다녀왔습니다. 어, 왜 이렇게 밝지? / **Choco:** 사장님, 세상에 이게 다 뭐예요? 손님 어르신들은 바닥
에 왜 누워있고?

| Bread | Choco, Wilk is possessed! |
| Choco | Huh? |

| Choco | Ugh, not again. |

---

possessed 홀린, 악령이 씐 not again 또야!

···

Bread: 초코, 윌크에게 악령이 씌었어! **Choco:** 네에? / **Choco:** 헐, 앤 또 왜 이래?

Choco Oof, this kid stinks.
Disgusting! Can't you smell he's gone sour?

Choco There we go. Now that he's filled up with fresh
milk, he should be back to normal.

---

stink 고약한 냄새가 나다 **go sour** 상하다

Choco: 윽, 냄새. 고약하네! 윌크가 상했는데 냄새 안 나세요? / **Choco:** 다 됐다. 신선한 우유로 갈아줬으니,
금방 정상으로 돌아올 거예요.

Bread What happened to him?

Choco Do you live under a rock or something?
Yesterday all the power went out.

live under a rock 세상과 담을 쌓고 살다   power goes out 정전되다

Bread: 윌크한테 무슨 일이 생긴 거야? **Choco:** 세상과 담을 쌓고 사시나요? 어제 타운 전체가 정전이었어요.

Choco

Wilk probably keeps his house really cold. When the power went out, his insides went all bad.

Wilk

Good morning! What time is it?

Bread

Wilk... how are you feeling?

Wilk

I'm so awesome! Thanks sir, how are you? Ooh!

Choco: 윌크는 집의 온도를 아주 낮게 유지했을 거예요. 전기가 나가 버리니, 윌크 몸속의 우유가 상한 거죠. / **Wilk:** 좋은 아침! 지금 몇 신가요? / **Bread:** 윌크… 괜찮니? **Wilk:** 네, 아주 좋아요. 감사합니다. 사장님은 어떠세요? 오!

Wilk   Welcome, friends! How can we help you today?

Bread   Come back here! You dropped your thingamajig!

Wilk   That was weird.

영상 23

thingamajig (이름이 기억나지 않는) 뭔가, 누군가

....

Wilk: 안녕하세요, 손님 여러분! 무엇을 도와드릴까요? / **Bread:** 돌아와요! 뭔가를 떨어뜨리셨어요! **Wilk:** 이상하다.

Highlight

① **Master Bread, what on earth is going on in here?**

사장님, 세상에 이게 다 뭐예요?

② **Can't you smell he's gone sour?**

윌크가 상했는데 냄새 안 나세요?

③ **Now that he's filled up with fresh milk, he should be back to normal.**

신선한 우유로 갈아줬으니, 금방 정상으로 돌아올 거예요.

④ **Wilk probably keeps his house really cold.**

윌크는 집의 온도를 아주 낮게 유지했을 거예요.

⑤ **When the power went out, his insides went all bad.**

전기가 나가 버리니, 윌크 몸속의 우유가 상한 거죠.

24

Queen's Diet
여왕의 다이어트

베이커리 나라의 여왕에게는 큰 걱정거리가 하나 있습니다. 바로 걷잡을 수 없이 '패밀리' 사이즈로 늘어난 여왕의 다이어트 문제입니다. 어떤 전문가를 데려와도 먹는 것을 좋아하는 여왕의 체중을 1g도 빼지 못하고 실패하면 모두 감옥으로 보내집니다. 보다 못한 한 신하가 무엇이든 다 해결해 준다는 브레드이발소를 생각해 냅니다. 브레드를 납치되듯 궁으로 끌려오고, 깊은 고민 끝에 뭔가를 시작하게 됩니다.

Zoom in

My word! I look just like I did ten years ago!
세상에나! 10년 전 내 모습하고 똑같네!

. . . .

날씬해 보이기 위해 수많은 사람들을 감옥으로 보냈던 여왕이 고민 끝에 성공한 브레드에게 하는 말입니다. 먹는 것을 좋아하면서 날씬해 보이길 원하는 건 욕심이고, 10년 전에 내가 남에게 보였던 모습과 똑같이 보이는 건 꿈같은 일이죠. look just like은 '~와 꼭 닮았다, 흡사하게 보인다'라는 의미입니다.

Bread

Please don't move.
Let me see you.
I need to focus.

Queen Cake

How dare you speak
to me like this, you
silly bread!

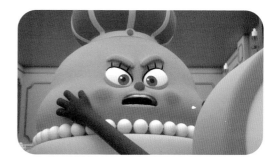

Bread

If you want to look
slim, you'll do exactly
as I say!

how dare 감히   silly 멍청한, 바보의
....
Bread: 움직이시면 안 됩니다. 어디 좀 보자. 집중해야 돼요. / **Queen Cake:** 멍청한 빵 주제에 감히 이런 말을 하다니! / **Bread:** 날씬해 보이고 싶다면 제 말을 그대로 따르시죠!

Queen Cake I guess I can comply. But if you fail again you're going straight to jail!

Queen Cake Yeah... how will covering me in cocoa work?

---

comply 협력하다, 따르다 go straight to ~로 직행하다

Queen Cake: 알았어, 네 말대로 할게. 하지만 이번에도 실패하면, 감옥으로 직행이다! / **Queen Cake:** 음… 나한테 코코아 칠을 하면 어떤 효과가 있지?

Queen Cake I'm just gonna smell like chocolate paint.

White Hair Servant It's... working!

Green Hair Servant Truly, you look great!

Queen Cake: 그냥 초콜릿 페인트 냄새가 날 것 같아. / **White Hair Servant:** 효…효과가 있습니다!
Green Hair Servant: 진짜로 아름다우십니다!

Queen Cake For real? Lemme see! Somebody bring me a mirror!

Bodyguard Yes!

lemme = let me

Queen Cake: 진짜로? 한 번 보자! 누가 거울 좀 가지고 오너라! / **Bodyguard:** 예!

Queen Cake My word! I look just like I did ten years ago!
Bread, you really are the best!

Queen Cake **We should've tried this before I threw all those people in jail!**

Servants **Long live her majesty! Long live Master Bread!**

영상 24

. . . .
Queen Cake: 그 많은 사람들을 감옥에 처넣기 전에 이걸 했어야 했는데! / **Servants:** 여왕 폐하 만세! 이 발사 브레드 만세!

204

Highlight

1 **Let me see you. I need to focus.**
어디 좀 보자. 집중해야 돼요.

2 **If you want to look slim, you'll do exactly as I say!**
날씬해 보이고 싶다면 제 말을 그대로 따르시죠!

3 **I guess I can comply.**
알았어, 네 말대로 할게.

4 **I look just like I did ten years ago!**
10년 전 내 모습하고 똑같네!

5 **We should've tried this before I threw all those people in jail!**
그 많은 사람들을 감옥에 처넣기 전에 이걸 했어야 했는데!

Employee of the Month
이달의 우수직원

자본주의가 낳은 빵 마스터 브레드는 '이달의 우수직원'을 뽑기 위해 두 명의 전직원 앞에서 공개적으로 홍보를 합니다. 이달의 우수직원이 되면 온갖 특전을 누릴 수 있다며 초코와 윌크에게 얘기하지만 결국 더 부려먹으려는 검은 속내는 감출 수가 없습니다. 브레드에 대한 동경으로 가득 차 있는 윌크와 시니컬한 초코의 반응은 극과 극입니다.

Zoom in

Employee of the Month goes to the employee who always goes the extra mile!

이달의 우수직원은 항상 남보다 더 노력하는 직원에게 돌아간단다!

. . . .

욕망의 화신 브레드 사장님이 직원들을 격려하기 위해 하는 대사입니다. 전 직원 두 명의 브레드이발소에서 더 노력한 사람을 뽑겠다는 말은 서로 피 터지게 경쟁하라는 말과 같죠. 이 문장에서 주격 관계사 who 절은 앞에 employee를 추가로 설명해 주는 역할이고, who 뒤에는 주어가 없고 바로 동사 goes가 옵니다.

Bread

Wilk. Choco.

Wilk

Huh? Yes, coming!

Choco

Psh. What is it now?

Bread

Tomorrow is the day we decide on our Employee of the Month!

Wilk

What of the month?

---

decide on ~에 대해 결정하다

....

Bread: 윌크! 초코! / **Wilk:** 어? 네, 갑니다! **Choco:** 쳇, 또 무슨 일이에요? / **Bread:** 내일은 바로 우리 이발소의 '이달의 우수직원'을 뽑는 날이다! **Wilk:** 이달의 뭐요?

Bread Employee of the Month goes to the employee who always goes the extra mile!
Before this month, Choco won it every single time.

go the extra mile (남보다 더) 노력하다

Bread: 이달의 우수직원은 항상 남보다 더 노력하는 직원에게 돌아간단다! 이번 달 이전에는 초코가 매번 우수직원상을 탔단다.

Wilk   **Ooooooh!**

Choco **I was the only one working here.**

Bread **Don't remind me. That is why... now it will be a fierce fight.**
My two employees battling it out...

---

remind ~를 상기시키다 fierce 격렬한 battle out ~를 두고 싸우다

....

Wilk: 오오오! **Choco:** 여기서 일하던 직원이 저 하나뿐이었잖아요. / **Bread:** 다시 알려줄 필요는 없어. 그래서… 이젠 치열한 경쟁이 될 거야. 두 명이 우수직원을 두고 경쟁하는 거지…

Bread ··· **for the honor of having their photo featured up here!**

Wilk **Oh wow!**

---

feature (특별히) 진열되다, 전시되다

....

Bread: 여기에 사진이 걸리는 영광을 위해! / **Wilk:** 우와아아아!

Bread   Wait, that's not all. Employee of the month will also win a special prize.

Choco   A prize? Huh?

Wilk   What is it sir?

Bread: 기다려, 그것뿐만이 아니야. 우수직원으로 뽑히면 특별상도 타게 되지. / **Choco:** 상? 네? **Wilk:** 그게 뭔가요?

Bread

That special prize is... having a free dinner, with ME!

Wilk

Wow!

Choco

Blech.

Bread

Ahh, I look foward to seeing which of you proves to be the best one!

Wilk

Yes, sir!

영상 25

look forward to ~ing ~하기를 기대하다

....

Bread: 특별상은… 무료로 저녁식사를 하는 거지, 나와 함께! / **Wilk:** 우오오오오! **Choco:** 우웩. / **Bread:** 아, 너희들 중 누가 최고의 직원으로 뽑힐지 기대되는구나! **Wilk:** 네, 사장님!

Highlight

1 **Before this month, Choco's won it every single time.**

이번 달 이전에는 초코가 매번 우수직원상을 탔단다.

2 **Don't remind me.**

다시 알려줄 필요는 없어.

3 **My two employees battling it out for the honor of having their photo featured up here!**

두 명이 우수직원을 두고 경쟁하는 거지, 여기에 사진이 걸리는 영광을 위해!

4 **Wait, that's not all.**

기다려, 그것뿐만이 아니야.

5 **That special prize is... having a free dinner, with ME!**

특별상은… 무료로 저녁식사를 하는 거지, 나와 함께!

Choco smile
초코를 웃겨라

브레드이발소 직원 중에서 제일 웃지 않는 초코. 이렇게 웃지 않는 초코 때문에 마스터 브레드는 걱정입니다. 직원 만족도 평가를 하러온 공무원은 웃지 않는 초코를 보고 브레드이발소의 직원 만족도 점수를 낮게 주게 됩니다. 보다 못한 브레드는 초코 웃기기 대회를 개최해서 초코를 웃겨보려 합니다. 그런 노력에도 하품만 하고 있는 초코를 누가 웃게 할 수 있을까요?

Zoom in

Choco, right? This package is for you.
초코 씨죠? 주문하신 택배예요.

. . . .

브레드 사장님이 민머리를 드러내며 웃기려고 노력해 보지만 꿈쩍도 않는 초코의 얼굴에 웃음꽃이 피는 마법의 한 마디입니다. 택배를 받는 것은 제일 기쁜 일이기 때문이죠. 여기서 for you는 '당신에게 온 것, 당신의 것'이라는 표현입니다.

Choco

Yawn~!

Beggar Bread

One two! One two!
One two! One two!
One two! One two!

Bread

I don't think there's anyone who can make her smile.

---

yawn 하품하다, 하품

. . . .

Choco: 하아암~! / **Beggar Bread:** 핫둘! 핫둘! 핫둘! 핫둘! 핫둘! 핫둘! / **Bread:** 초코를 웃길 빵이 하나도 없는 것 같네.

Wilk   **I guess... some people just aren't meant to be as happy as others.**

Wilk   **Nobody wins. Let's just bring this contest to a close.**

---

be meant to be ~할 운명인, ~하게 되어 있는   **bring something to a close** ~을 끝내다

....

Wilk: 제 생각엔… 어떤 사람들은 다른 사람들만큼 행복할 수 있는 운명이 아닌 것 같아요. / **Wilk:** 우승자가 없네요. 이 대회는 끝내도록 하지요.

Delivery
Man

Package delivery.

Delivery
Man

Choco, right? This package is for you.

Delivery Man: 택배 왔습니다. / **Delivery Man:** 초코 씨죠? 주문하신 택배예요.

Wilk   Sir... you see? A smile on Choco? It's because she got a delivery!

Delivery Man   I'll need you to sign.

....

Wilk: 사장님… 보셨어요? 초코가 웃었어요! 택배가 와서 웃은 거라고요! / **Delivery Man:** 여기 서명해 주셔야 합니다.

Bread   Good crust! Only ordering things online makes her happy!

ordering things online 인터넷 쇼핑

Bread: 이럴 수가! 인터넷 쇼핑만이 초코를 행복하게 만들 수 있구나!

Wilk
Ahem! Hello!
The winner of our Make Choco Smile Contest is…
This delivery guy!

Bread
Congrats, sir! This seven dollar prize money is yours.

영상 26

....

Wilk: 여러분! '초코를 웃겨라' 대회 우승자는… 이 택배기사님입니다! / **Bread:** 축하합니다. 우승 상금 7달러
는 당신 겁니다.

Highlight

1 I don't think there's anyone who can make her smile.

초코를 웃길 빵이 하나도 없는 것 같네.

2 I guess some people just aren't meant to be as happy as others.

제 생각엔 어떤 사람들은 다른 사람들만큼 행복할 수 있는 운명이 아닌 것 같아요.

3 Nobody wins. Let's just bring this contest to a close.

우승자가 없네요. 이 대회는 끝내도록 하지요.

4 Only ordering things online makes her happy!

인터넷 쇼핑만이 초코를 행복하게 만들 수 있구나!

5 This seven dollar prize money is yours.

우승 상금 7달러는 당신 겁니다.

Sushi Tourists

초밥 관광객

초밥 관광객들이 베이커리 타운으로 여행을 옵니다. 여행을 하던 중 감자칩에게 당해서 머리에 얹어져 있던 횟감을 모두 잃어버리고 마는데, 이런 모습으로는 원래 초밥 마을로 돌아갈 때 입국 심사에서 걸리게 됩니다. 방법이 없어서 이들이 절망하고 있는 사이 한 초밥이 브레드이발소 광고를 보게 되고 이들은 실낱같은 희망을 가지게 됩니다. 이들은 초밥 마을로 돌아갈 수 있을까요?

Zoom in

So we can't get back to our home country if we don't look the same!

그래서 저희가 이전과 같은 모습이 아니면 저희 마을로 돌아갈 수가 없습니다!

. . . .

입국 심사를 할 때는 심사관이 본인이 맞는지 대조를 해보고 만약 본인이 아니라면 입국이 안됩니다. 여기 나오는 초밥 관광객들도 머리에 횟감이 없어져 본인처럼 보이지 않아서 자기 나라로 돌아갈 수가 없는 상황입니다. if we don't look the same은 '만약 우리가 이전과 똑같아 보이지 않으면'이라는 뜻의 조건절입니다. 조건절을 하지 않으면 주절의 내용처럼 된다는 뜻입니다.

Battleship Sushi I guess we're stuck here. We can never go home now.

Salmon Sushi No, we can't give up! What can we do?

Battleship Sushi Oh! Look, it's...That sign is about Butter!

---

stuck 갇힌, 걸린

Battleship Sushi: 우리는 이제 여기 갇혔어요. 우리는 이제 집에 못 갑니다. **Salmon Sushi:** 아니요, 아직 포기하면 안 됩니다! 뭘 할 수 있을까요? / **Battleship Sushi:** 오! 저기 봐요, 버터 님이네요.

Salmon Sushi I know he's handsome, but that doesn't help! We need to focus on getting our hair back.

Battleship Sushi No... look again. It says he gets his hair styled... at THAT famous barber shop!

---

get someone's hair styled ~의 머리 스타일을 하다, 머리를 자르다

Salmon Sushi: 저도 버터 님이 잘생긴 건 알지만 지금 상황엔 도움이 안 되네요! 우리 머리를 되찾는데 집중해야 한다고요. / **Battleship Sushi:** 아니오… 다시 보세요. 버터 님이 머리를 한 곳이… 저 유명한 이발소네요.

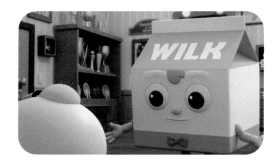

Salmon Sushi

Does Master Bread... work here?

Wilk

Welcome, sir! What can we do for you?

Salmon Sushi

Well, uh... we came from Sushi town... someone stole our hair and we need help.

Bread

Wilk. What's wrong?

All Sushis

M...Master Bread!

Salmon Sushi: 브레드 님이… 여기서 일하십니까? **Wilk:** 환영합니다! 무엇을 도와드릴까요? / **Salmon Sushi:** 저기… 저희가 초밥 마을에서 왔는데요… 어떤 사람이 저희 머리를 훔쳐 가서 도움이 필요합니다. / **Bread:** 윌크, 무슨 일이야? **All Sushis:** 브… 브레드 님!

225

Salmon Sushi Please, sir! Our hair was stolen! We originally had beautiful heads of sashimi!

Battleship Sushi So we can't get back to our home country if we don't look the same!
There must be something you can do. Please!

---

originally 원래는, 진짜로   sashimi 사시미, 회

....

Salmon Sushi: 선생님! 저희 머리를 누가 훔쳐 갔습니다! 원래 저희 머리에는 예쁜 횟감이 얹어져 있었습니다! **Battleship Sushi:** 그래서 저희가 이전과 같은 모습이 아니면 저희 마을로 돌아갈 수가 없습니다. 브레드님이 해주실 수 있는 것이 꼭 있을 겁니다. 제발이요!

Bread   So, each of you is a real authentic piece of sushi. But you won't be able to get home if all you are balls of rice. Is that right?

All Sushis   That's right.

Bread   You'll be fine. I'll make sure you all get home safe and sound.
Wilk. Go get some jelly from the store room.

Wilk   Okay!

---

authentic 진짜의, 진품의
. . . .
Bread: 그러니깐 여러분들은 진짜 초밥이군요. 하지만 모두 뭉친 밥으로 보이면 당신들 마을로 돌아갈 수 없는 거군요? 맞나요? **All Sushis:** 네. / **Bread:** 괜찮을 겁니다! 모두 집으로 안전하고 편안하게 돌아갈 수 있게 해드릴게요. 윌크, 창고에서 젤리를 갖고 오도록. **Wilk:** 네!

Bread   Sir Takoyaki... crafted this knife himself.

Egg Sushi   This is incredible, Master Bread!

Battleship Sushi   Simply genius!

Tuna Sushi   You really are amazing!

영상 27

craft (수제로) 공들여 만들다 incredible 놀라운, 믿을 수 없는

....

Bread: 이건 다코야키 님이 직접 만든 칼이야. / **Egg Sushi:** 놀라워요, 브레드 님! **Battleship Sushi:** 천재십니다! **Tuna Sushi:** 정말 최고예요!

Highlight

① **No, we can't give up! What can we do?**

아니요, 아직 포기하면 안 됩니다! 뭘 할 수 있을까요?

② **We need to focus on getting our hair back.**

우리 머리를 되찾는 데 집중해야 한다고요.

③ **Please, sir! Our hair was stolen! We originally had beautiful heads of sashimi!**

선생님! 저희 머리를 누가 훔쳐 갔습니다! 원래 저희 머리에는 예쁜 횟감이 얹어져 있었습니다!

④ **But you won't be able to get home if all you are balls of rice. Is that right?**

하지만 모두 뭉친 밥으로 보이면 당신들 마을로 돌아갈 수 없는 거군요. 맞나요?

⑤ **You'll be fine. I'll make sure you all get home safe and sound.**

걱정 마세요. 모두 집으로 안전하고 편안하게 돌아갈 수 있게 해드릴게요.

28

Bread's Date

브레드의 데이트

욕망의 화신인 브레드는 밤과 낮을 가리지 않고 이발을 합니다. 덕분에 만성피로에 시달리던 윌크는 브레드에게 여자 친구가 생기면 야근을 하지 않아도 될 거라고 생각하며 브레드에게 티라미수 양을 소개해 줍니다. 티라미수에게 첫눈에 반한 브레드는 자꾸 만나보려고 하지만 티라미수가 바빠서 만나는 데 번번이 실패합니다. 윌크는 고백을 하라며 꽃다발과 반지를 브레드에게 주며 격려하는데…

Zoom in

I'm married to my job!
난 일과 결혼한 거야!

· ·

티라미수 양을 만나고 와서 윌크에게 브레드가 하는 말입니다. 연애라는 게 결코 쉽지 않은 것은 맞지만 브레드 사장님이 이렇게 좌절하는 모습을 보니 의외네요. 과연 무슨 일이 있었길래 세상을 다 잃은 듯한 저런 말을 하는 걸까요? I'm married to는 '나는 ~와 결혼했어'의 뜻입니다. 여기서 married with가 아닌 to를 쓰는 것에 주의하세요.

Kid

Who are you?

Bread

I thought Tiramisu would be here... this is Tiramisu's house, right?

Kid

You're looking for her? Hey mom! Someone at the door is looking for you!

Bread

Huh? Mom?

....

Kid: 누구세요? **Bread:** 티라미수 양 집인 줄 알았는데… 여기가 티라미수 양 집이지, 맞지? / **Kid:** 엄마 찾아요? 엄마! 문 앞에 있는 사람이 엄마 찾고 있어요! / **Bread:** 어… 엄마?

Kid
It's some crusty old toast! And now he's making weird noises!

Bread
I'm just a side dish!

---

weird 이상한   side dish 반찬, 곁들임용 요리

Kid: 딱딱해 보이는 나이 많은 식빵 아저씨야! 그런데 이제 이상한 소리를 내고 있어요! / **Bread:** 난 그저 곁들임용 빵일 뿐이었어!

Tiramisu Little twerp. It's not funny when you call your auntie that. But didn't you say someone was waiting here? I don't see anyone.

Kid The weird old man said something about being a side dish and ran off.

Tiramisu Oh kid, you always have the oddest pranks.

---

twerp 장난꾸러기, 못된 아이 run off 달아나다 oddest pranks 이상한 장난
. . . .
Tiramisu: 요 꼬맹이가! 이모 보고 엄마라고 하는 거 웃기지도 않아. 그런데 누가 여기서 기다리고 있다지 않았어? 아무도 안 보이는데? / **Kid:** 그 이상한 아저씨가 곁들임용 빵이 되었다고 하더니 도망갔어요.
Tiramisu: 꼬맹이야, 넌 항상 이상한 장난을 치는구나.

Wilk Master Bread, cheer up. It's not you.

Bread Wilk, I've made up my mind.

Wilk Huh? On what?

Bread I'm married to my job!

Wilk: 사장님, 기운 내세요. 사장님 잘못이 아니에요. Bread: 윌크, 나 이제 결심했다. / Wilk: 네? 뭘요?
Bread: 난 일과 결혼한 거야!

234

Wilk   You don't say...

Bread   Left... a little left... your other left!
        No, that's too left now.

You don't say (놀람이나 당황한 상태로) 설마, 왜 그러세요?

．．．

Wilk: 왜 그러세요…? / **Bread:** 왼쪽… 조금 왼쪽… 다른 왼쪽! 아니, 이제 너무 왼쪽이야.

Bread   Easy now. Steady there. Ahh! You see there? Lower there!

Wilk   All I wanted was to go home early.

영상 28

Bread: 침착하게. 천천히. 아! 거기 보이지? 더 낮춰! **Wilk:** 난 그냥 집에 빨리 가고 싶었을 뿐인데.

Highlight

1 **I thought Tiramisu would be here... this is Tiramisu's house, right?**

티라미수 양 집인 줄 알았는데… 여기가 티라미수 양 집이지, 맞지?

2 **Hey mom! Someone at the door is looking for you!**

엄마! 문 앞에 있는 사람이 엄마 찾고 있어요!

3 **It's not funny when you call your auntie that.**

이모 보고 엄마라고 하는 거 웃기지도 않아.

4 **Oh kid, you always have the oddest pranks.**

꼬맹이야, 넌 항상 이상한 장난만 치는구나.

5 **All I wanted was to go home early.**

난 그냥 집에 빨리 가고 싶었을 뿐인데.

29

Lonely Tart

외톨이 타르트

브레드이발소의 평범한 하루가 시작되고 브레드이발소 직원들은 TV에서 마스터 파티시에 쇼를 보고 있습니다. 나가면 스포츠카를 준다는 말에 욕망의 화신 브레드는 바로 참가 의지를 불태웁니다. 태어날 때부터 다른 타르트와 다르게 커스터드 크림 없이 머리가 비어있는 채로 지내온 타르트가 크루아상의 쇼에 나오는데 과연 브레드는 타르트를 멋지게 꾸며줄 수 있을까요?

Zoom in

You're our brother. You know we always got your back.

넌 우리 형제야. 우리가 항상 네 편인 거 알잖아.

. . . .

마스터 파티시에 나온 동생 타르트에게 타르트 형제들이 따뜻하게 건네는 말입니다. I got your back은 일상 회화에서 자주 쓰이는 표현으로 '넌 혼자가 아니야, 난 네 편이야, 내가 도와줄게'라는 의미로 쓰입니다. 상대방을 도와주고 지지한다는 표현으로 회화에서 자주 쓰입니다.

Croissant Oh. My. Crust. Genius!
This is why we're here! To see incredible
transformations like this!

Wilk Well done, Master Bread! Everyone back at the
shop is so proud of you!

---

transformation 변화, 변신   well done 잘했어, 수고했어

Croissant: 오! 천재적입니다! 이것을 보려고 우리는 여기 왔죠! 이런 믿기 힘든 변화를 보기 위해서요! /
Wilk: 사장님 대단해요! 브레드이발소 전 직원은 사장님이 정말 자랑스러워요!

Croissant And now... bring down the mirror!

Tart Wow!

Croissant Think it's good?

Tart Yes! Looks great, sir!

Croissant: 자~ 그럼… 거울을 내려주세요! **Tart:** 우와아! / **Croissant:** 맘에 드시나요? **Tart:** 네! 너무 멋져요, 선생님!

Croissant

**Tart loves his makeover!
But there's one more surprise we brought for you.**

Croissant

**Please welcome...
Tart's brothers!**

Tart

Huh?

---

makeover 단장, 치장
....
Croissant: 타르트 군이 변신한 모습이 맘에 든답니다! 하지만 저희가 준비한 깜짝 선물이 하나 더 있습니다.
/ **Croissant:** 환영해 주십시오… 타르트의 형제들입니다! / **Tart:** 어?

Tart's Green Brother You're our brother. You know we always got your back.

get someone's back ~를 신경 쓰다, 편을 들다

....

Tart's Green Brother: 넌 우리 형제야. 우리가 항상 네 편인 거 알잖아.

Tart	That's... just for me?
Croissant	What a shocking twist! Tart's brothers have forgone their filling too!

Tart	This isn't who I am! Thank you!
Bread	Are you kidding? I worked hard on that!

---

forgo 포기하다
....

Tart: 나 때문에… 그런 거야? **Croissant:** 충격적인 반전입니다! 타르트 군을 위해서 형제들 모두 속을 비웠습니다! / **Tart:** 이건 내가 아니야! 고마워! **Bread:** 장난해? 내가 고생해서 그 머리를 만들었는데!

Tart's Yellow Brother We know it hasn't been easy.

Tart's Green Brother We'll always be here.

Croissant Master Bread, this means you can't have the sports car but better luck next time!

Bread What? You know how hard I worked on the design for that stupid kid?

영상 29

··

Tart's Yellow Brother: 힘들었다는 거 알아. **Tart's Green Brother:** 우린 항상 여기에 있을 거야! / **Croissant:** 마스터 브레드, 스포츠카를 가질 수 없게 됐지만 다음번엔 행운을 빕니다! **Bread:** 뭐야? 내가 저 멍청한 애 꾸며주느라고 얼마나 고생한 줄 알아?

Highlight

1 **This is why we're here! To see incredible transformations like this!**

이것을 보려고 우리는 여기 왔죠! 이런 믿기 힘든 변화를 보기 위해서요!

2 **Everyone back at the shop is so proud of you!**

가게에 있는 모든 사람들은 당신이 정말 자랑스러워요!

3 **And now... bring down the mirror!**

자~ 그럼… 거울을 내려주세요!

4 **But there's one more surprise we brought for you.**

하지만 저희가 준비한 깜짝 선물이 하나 더 있습니다.

5 **Tart's brothers have forgone their filling too!**

타르트 군을 위해서 형제들 모두 속을 비웠습니다!

April Fool's Day
만우절

초코의 진심이 담긴 퇴사 장난으로 브레드이발소의 만우절이 시작됩니다. 초코 없이는 못 산다며 울며불며 매달리는 브레드에게 초코는 만우절이라고 얘기를 하며 윌크가 오면 같이 놀려주자고 같이 계획을 세웁니다. 이때 아무것도 모르는 윌크는 브레드와 초코에게 줄 사탕을 가지고 이발소에 들어옵니다. 과연 브레드와 초코는 윌크를 속여 넘길 수 있을까요?

Zoom in

They either die instantly or get better.
먹은 사람들은 즉시 죽거나 상태가 좋아지거든요.

· ·

능글맞은 브레드의 장난에 윌크는 우유 가문에 전해지는 약을 제조하며 이 말을 합니다. 약을 먹으면 아프지 않고 죽거나 낫거나 한다는 아주 극단적인 효능에 브레드는 깜짝 놀라게 됩니다. either A or B는 'A 혹은 B 둘 중에 하나'라는 뜻으로 쓰입니다. 참고로 앞 에피소드에 나왔던 both A and B는 'A이면서 B'라는 의미입니다. 같이 알아두세요.

Choco   Wilk! Come look. Master Bread is really sick!

Wilk   Whoa, Master Bread!

Choco   See that? He has a fever, and he's weak. It could be bad!

Wilk   A hundred and twelve? Is that real?

....

Choco: 윌크! 여기 와봐. 사장님이 많이 아프셔! **Wilk:** 헉, 사장님! / **Choco:** 이거 보여? 열이 나고 몸이 약해지셨어. 큰일 날 수도 있을 것 같아! **Wilk:** 화씨 112도(섭씨 44도)? 실환가요?

Bread Wilk. When I'm gone.... look... look after the shop for... me...

Wilk Master! Don't talk like that, you'll live!

Wilk I thought that only the good die young!
But you're so grumpy I thought you would live forever!

die young 젊을 때 죽음 grumpy 성격이 좋지 않은

···

Bread: 윌크, 내가 죽으면… 가… 가게를 부탁해… **Wilk:** 사장님! 그런 말씀 마세요, 사실 수 있어요! / **Wilk:**
착한 사람만 일찍 죽는 줄 알았어요! 그런데 사장님은 성질이 더럽잖아요. 영원히 사실 줄 알았어요!

Choco Get a hold of yourself! We need to figure out how to help him.

Wilk Wait, I know! I'll make him some healing soup!

Bread That kid's a sucker.

---

sucker 잘 속는 사람

....

Choco: 정신 차려! 도와드릴 방법을 생각해 내야 돼! **Wilk:** 잠시만요! 제가 힐링 수프를 만들어 드릴게요! /
Bread: 저 멍청한 녀석.

Wilk   Some chili peppers, some garlic... a little ginger... perfect!

Bread   W... what is that?

Wilk   No one's sick after they drink this soup! They either die instantly or get better.

Bread   What?

instantly 즉시
....

Wilk: 고추랑, 마늘이랑… 생강도 넣어야지… 완벽해! **Bread:** 그… 그게 뭐냐? / **Wilk:** 이걸 먹고 아픈 사람이 한 명도 없었어요! 먹은 사람들은 즉시 죽거나 상태가 좋아지거든요. **Bread:** 뭐라고?

Wilk	Bon appetit, Master Bread!
Choco	You drink that?
Bread	Is this really necessary?

| Choco | Keep playing along. Chug it down. |
| Bread | Looks like this is the only way to keep up the ruse. |

---

chug down 한 번에 마시다, 원샷 하다   **ruse** 계략, 책략

. . . .

Wilk: 다 됐다! 맛있게 드세요, 사장님! **Choco:** 그걸 마신다고요? **Bread:** 이게 꼭 필요할까? / **Choco:** 계속 연기하세요. 마셔요. **Bread:** 윌크를 속이려면 이 길밖에 없지.

| Bread | Wilk, that's good stuff. Thanks a bunch. |
| Choco | He still got a fever! |

| Wilk | What next? |
| Bread | Actually, I'm feeling fine. |

영상 30

Bread: 윌크, 좋은 약이구나. 정말 고마워. **Choco:** 아직 열이 있어요! / **Wilk:** 이제 어쩌죠? **Bread:** 실은, 난 이제 괜찮은 것 같아.

Highlight

1 **Master! Don't talk like that, you'll live!**
사장님! 그런 말씀 마세요, 사실 수 있어요!

2 **I thought that only the good die young!**
착한 사람만 일찍 죽는 줄 알았어요!

3 **Get a hold of yourself!**
정신 차려!

4 **They either die instantly or get better.**
먹은 사람들은 즉시 죽거나 상태가 좋아지거든요.

5 **Is this really necessary?**
이게 꼭 필요할까?

30장면으로 끝내는
스크린 영어회화 - 겨울왕국2

국내 유일!
전체 대본 수록

또 한 번 전세계를 강타한 '겨울왕국' 신드롬!

구성
· 전체 대본
· 훈련용 워크북
· mp3 CD

30장면으로 끝내는
스크린 영어회화
Disney
겨울왕국II

전체 대본과 유성담 구어 | 최상의 트레닝을 | 시현과 주인 예시와 | mp3 CD
스크립트북 | **워크북** | mp3 CD

라이언 강 해설 | 312면 | 18,000원

국내 유일! 〈겨울왕국2〉 전체 대본 수록!

다시 찾아온 '겨울왕국' 열풍!
〈겨울왕국2〉의 30장면만 익히면 영화 주인공처럼 말할 수 있다!

난이도	첫걸음 | 초급 중급 | 고급		**기간**	30일
대상	영화 대본으로 재미있게 영어를 배우고 싶은 독자		**목표**	30일 안에 영화 주인공처럼 말하기

30장면으로 끝내는
스크린 영어회화 – 라푼젤

구성
- 전체 대본
- 훈련용 워크북
- mp3 CD

라이언 강 해설 | 324면 | 18,000원

국내 유일! 〈라푼젤〉 전체 대본 수록!

21미터 금발 소녀의 짜릿한 모험!
〈라푼젤〉의 30장면만 익히면 영어 왕초보도 영화 주인공처럼 말할 수 있다!

난이도	첫걸음 | 초급 중급 | 고급	기간	30일
대상	영화 대본으로 재미있게 영어를 배우고 싶은 독자	목표	30일 안에 영화 주인공처럼 말하기

30장면으로 끝내는
스크린 영어회화 - 코코

구성
· 전체 대본
· 훈련용 워크북
· mp3 CD

라이언 강 해설 | 372면 | 18,000원

국내 유일! 〈코코〉 전체 대본 수록!

기억해줘♪ 전 세계는 지금 '코코' 열풍!
〈코코〉의 30장면만 익히면 영어 왕초보도 영화 주인공처럼 말할 수 있다!

난이도	첫걸음 │ 초급 │ 중급 │ 고급	기간	30일
대상	영화 대본으로 재미있게 영어를 배우고 싶은 독자	목표	30일 안에 영화 주인공처럼 말하기